Original illisible
NF Z 43-120-10

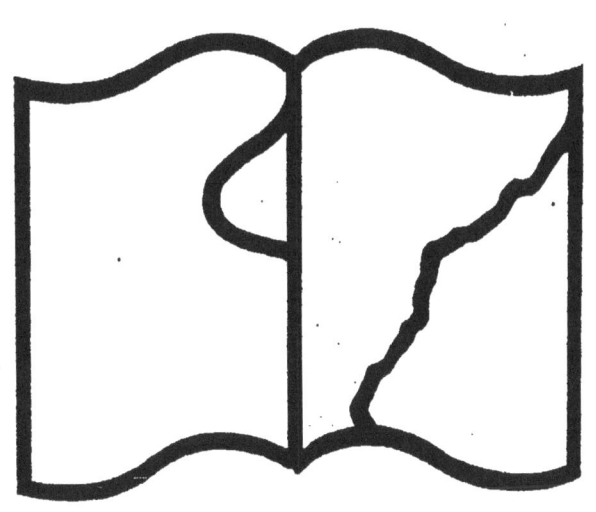

Texte détérioré — reliure défectueuse
NF Z 43-120-11

"VALABLE POUR TOUT OU PARTIE
DU DOCUMENT REPRODUIT".

LES CÔTES DE LA FRANCE

DE DUNKERQUE AU HAVRE

PAR LA PLAGE

Grand in-4°.

VUE GÉNÉRALE DE BOULOGNE-SUR-MER

LES CÔTES DE LA FRANCE

Par Madame DE LALAING

DE DUNKERQUE AU HAVRE

PAR LA PLAGE

Orné de 79 gravures.

LIBRAIRIE DE J. LEFORT

IMPRIMEUR ÉDITEUR

LILLE
RUE CHARLES DE MUYSSART, 24.

PARIS
RUE DES SAINTS-PÈRES, 80.

Propriété et droit de traduction réservés.

Maurice de Lussac à sa sœur.

C'est à toi, ma chère Hélène, que j'adresse ces pages, écrites au jour le jour afin de fixer mes souvenirs, ces pages confidentes de mes premières impressions de voyage, de mes étonnements d'enfant en face des merveilles inconnues d'une nature dont la grandeur fait si bien sentir à l'homme sa petitesse. Nous sommes si peu de chose devant l'immensité!

Mieux que personne, Hélène, toi, dont l'âme est accessible à tous les enthousiasmes, tu comprendras que ce voyage sur nos belles côtes océaniques ait déterminé ma vocation d'artiste.

Une voix intérieure m'a appelé, j'ai répondu.

L'artiste a une mission, chère sœur; il fait aimer le beau, et le beau est la source du bien.

DE DUNKERQUE AU HAVRE

PAR LA PLAGE

CHAPITRE PREMIER

DUNKERQUE

Le port. — La jetée. — Renseignements historiques. Jean Bart.

Parti de bonne heure de Paris, le 1ᵉʳ août 1883, il était une heure de l'après-midi quand j'arrivai à Dunkerque. Mon oncle m'attendait à la gare. Je ne l'avais jamais vu ; mais à sa ressemblance avec mon père, je le reconnus tout de suite. Je lui déclinai mon nom. Il m'embrassa et me dit :

— Tu dois avoir faim, mon garçon ; mon domestique va s'occuper de tes bagages, toi, viens déjeuner.

Il me prit par le bras et m'emmena.

Notre course ne fut pas longue ; mon oncle demeure à quelques pas de la gare.

Ma tante guettait notre arrivée à la fenêtre du salon, situé au rez-de-chaussée, pendant que sa fille donnait un dernier coup d'œil aux apprêts du déjeuner ; elle me laissa à peine le temps de l'embrasser.

— Nous causerons à table, me dit-elle, en m'entraînant vers la salle à manger.

— Et ma cousine, où donc est-elle ? demandai-je.

Au même instant une porte s'ouvrait.

— Bonjour, mon cousin, me répondit une douce voix.

Je regardai celle qui m'adressait ces mots d'accueil, et vis la plus gentille personne qu'on puisse imaginer. Notre cousine Juliette n'est pas ce qu'on appelle une jolie femme ; ses traits manquent de régularité, elle n'est ni grande, ni petite, sa taille est un peu forte, et elle n'a pas ce cachet de distinction qui chez certaines femmes tient lieu de toutes les élégances, et pourtant notre cousine est charmante. Je ne me suis pas d'abord bien rendu compte pourquoi ; au bout de quelques jours passés auprès d'elle, je l'ai compris. Si ses yeux gris ne sont pas d'une grandeur remarquable, s'ils n'ont ni le feu des yeux noirs, ni le charme mélancolique de certains yeux bleus, ils ont une expression de franchise et de bonté qui séduit inévitablement, car elle est le reflet d'une âme pure et bonne ; sa bouche, quelque peu grande, ne semble devoir cette imperfection qu'à l'habitude de sourire ; il n'y a dans sa démarche ni dignité affectée, ni coquette nonchalance, elle est naturelle, voilà tout ; le charme qu'elle répand autour d'elle vient de là.

Pendant le déjeuner, on causa de toute la famille et en particulier de notre père, que mon oncle semble beaucoup aimer ; de notre mère, qu'il n'a vue qu'une fois ou deux, mais qu'il a su apprécier comme elle le mérite ; de ma petite sœur Hélène, que personne ne connaît chez mon oncle, mais dont j'ai dit tant de bien que tous désirent faire sa connaissance, et surtout la gentille Juliette, qui, dit-elle, l'aime déjà de tout son cœur, rien que sur le portrait que je lui en ai fait.

Dès qu'on fut sorti de table, mon oncle me proposa de me faire visiter la ville. J'acceptai son offre avec reconnaissance. Comme ancien capitaine de vaisseau, la mer a toutes ses faveurs; nous nous dirigeâmes vers le port.

Je pus constater, chemin faisant, que Dunkerque est une ville bien

DUNKERQUE

bâtie, à laquelle de larges rues et de beaux trottoirs dallés donnent un fort agréable aspect; mais le port et la rade, voilà ce qui en effet est vraiment digne d'attirer et de fixer l'attention de l'étranger.

Troisième port de guerre et place militaire de seconde classe, Dunkerque est le port le plus septentrional de France et le seul que nous possédions sur la mer du Nord; il est situé sur la frontière belge, à la jonction des canaux de Bergues, de Bourbourg et de Furnes. Port de pêche important, surtout pour la morue et le hareng, ses relations de commerce sont principalement avec l'Angleterre, la Hollande, la Norwège, la Suède et la Russie. Mon oncle me fit remarquer dans le bassin du commerce les pavillons de ces diverses nations ; mais il attira surtout mon attention sur l'autre bassin, celui qui appartient à la marine de l'État. Le bâtiment sur lequel il a fait son dernier voyage s'y trouvait en ce moment ; il eût voulu me le faire visiter, malheureusement le capitaine était absent. Ce navire, un des plus gros que reçoive le port, est de huit cents tonneaux.

Après les bassins, nous visitâmes la rade qui est magnifique. Mon oncle me dit qu'elle était une des plus belles d'Europe ; je ne pus faire de comparaison, n'ayant visité jusqu'alors aucun port important, mais ce que je sais, c'est qu'elle me parut admirable.

Nous nous rendîmes ensuite sur la jetée de l'Ouest. Elle est longue de 734 mètres — la jetée du Sud n'a que 79 mètres de long ; — nous y restâmes longtemps. La mer, assez houleuse ce jour-là, montait alors, et ses flots, se succédant avec fracas, s'élançaient par intervalles jusqu'à l'endroit où nous étions assis. Nous fûmes même plus d'une fois caressés par la vague, mais mon oncle aime ces caresses qui sont celles d'une vieille amie, et pour moi, qui n'avais encore vu la mer qu'une fois, à Trouville, par un temps de calme plat, j'étais trop heureux de jouir du magnifique spectacle qu'elle m'offrait à cette heure, pour m'inquiéter d'un peu d'eau sur mon habit ou même sur mon visage.

Quand nous quittâmes la jetée, il était trop tard pour que nous pussions visiter autre chose ce jour-là ; nous rentrâmes donc chez mon oncle, où nous retrouvâmes ma tante et ma cousine, travaillant à l'aiguille près d'une fenêtre du salon. Nous nous assîmes près d'elles, et mon oncle continua une longue dissertation, commencée depuis une

A JEAN BART
LA VILLE DE DUNKERQUE
MDCCCXLV

heure, sur l'infériorité des villes de l'intérieur comparées à celles du littoral. Il me donna ensuite un rapide aperçu de l'histoire de Dunkerque, que je veux transcrire ici, afin de me le remémorer à moi-même, et de rappeler au souvenir des personnes qui me liront des faits qu'assurément elles connaissent, mais qui pourraient être un peu confus dans leur mémoire.

Dunkerque était à l'origine un simple hameau nommé Saint-Gilles. Le nom de Dunkerque lui est venu, dit-on, d'une chapelle bâtie par saint Eloi et appelée *Dun kerque,* ce qui, en flamand, signifie église des Dunes.

La ville de Dunkerque fut fondée ou fortifiée par le comte Baudouin en 960. Philippe le Bel s'en empara en 1299 et la conserva jusqu'en 1305. Elle fut brûlée par les Anglais en 1388. Tombée au pouvoir des Français en 1558, elle fut restituée aux Espagnols en 1559; Condé la reprit en 1646. Mais, en 1652, elle retombait au pouvoir des Espagnols pour être reprise par Turenne et livrée aux Anglais en 1658.

Cependant, en 1662, Louis XIV, comprenant l'importance de ce port, racheta Dunkerque au roi d'Angleterre pour la somme de 5,000,000, et il en fit une des places les plus fortes de son royaume. Mais les fortifications qu'y avait élevées Vauban, au moment de la plus grande prospérité de Louis XIV, furent détruites par suite du traité d'Utrecht, dont une des conditions était l'engagement pris par la France de détruire et de combler de ses propres mains les fortifications de Dunkerque.

Cette ville pourtant sortit de ses ruines ; son port fut dégagé, et ses hardis navigateurs se montrèrent redoutables dans les guerres de Louis XV et de Louis XVI. Dans la seule année 1756, ils prirent six cent vingt et un bâtiments anglais.

Dunkerque fut assiégée en 1793 par le duc d'York, mais les habitants lui opposèrent une vigoureuse résistance et furent délivrés par la bataille d'Hondschoote.

Les lignes précédentes ne font que résumer les détails plus longs et plus circonstanciés que me donna mon oncle sur la ville qu'il a choisie pour résidence et qu'il affectionne autant, et plus peut-être, que sa ville natale.

Il faut l'entendre parler des vaillants habitants de Dunkerque, de ses illustres marins et surtout de son héros, Jean Bart.

Je ne puis aller plus loin sans rappeler ici l'histoire presque légendaire de Jean Bart. Mon oncle me la raconta le soir même de ce premier jour que je passai à Dunkerque. Il m'avait fait admirer sur la place principale de la ville la belle statue, due au ciseau de David d'Angers, représentant le célèbre héros.

Jean Bart naquit en 1651. Simple fils de pêcheur, il eut pour compagnon un enfant d'illustre naissance, le chevalier de Forbin, qui fut plus tard son rival, mais demeura toujours son ami.

— Le chevalier de Forbin nous amène son ours, disait-on à la cour de Louis XIV.

C'est que notre héros ne ressemblait guère aux courtisans du grand roi.

L'éclat de ses hauts faits ayant attiré l'attention de Louis XIV, celui-ci annonça à Jean Bart, devant toute sa cour, qu'il l'avait nommé chef d'escadre.

— Sire, répondit Jean Bart, vous avez bien fait.

Cette réponse excita l'hilarité des courtisans; mais le roi en comprit et leur en fit sentir la grandeur et la noblesse.

Quelque temps après, Jean Bart, bloqué dans le port de Dunkerque par trente-deux vaisseaux anglais et hollandais, en sortait avec sept frégates et prenait quatre navires anglais chargés pour la Russie. Cette même année, il attaqua avec trois vaisseaux la flotte hollandaise chargée de grains et lui prit seize navires marchands. Il fut, à la journée de Lagos, sous les ordres de Tourville ; il commandait la *Glorieuse*.

JEAN BART A VERSAILLES

L'année suivante, on manquait de blé dans Dunkerque ; Jean Bart y fit entrer un envoi de grain malgré la flotte anglaise. L'amiral

Hidet venait de s'emparer d'un convoi important et l'emmenait dans un port hollandais avec six petits navires; Jean Bart attaqua la flotte ennemie, enleva le contre-amiral hollandais à l'abordage, lui prit deux vaisseaux de guerre et ramena à Dunkerque toute la flotte marchande délivrée. C'est à cette occasion que Louis XIV lui octroya des lettres de noblesse.

En 1696, les Anglais bloquaient Dunkerque. Jean Bart sortit du port; il rencontra la flotte hollandaise, composée de cent dix voiles et escortée de cinq frégates; il prit les cinq frégates et quarante navires. Malheureusement, une autre flotte étant survenue au moment où il allait rentrer dans le port, il fut obligé de brûler les vaisseaux dont il s'était emparé.

Jean Bart mourut d'une pleurésie, le 27 avril 1702, à l'âge de cinquante ans. La paix l'avait depuis quelque temps contraint au repos.

CHAPITRE II

DUNKERQUE (*suite*)

**L'église Saint-Eloi. — La tour du beffroi. — Le canal.
Les wateringues.**

Le lendemain, je l'avoue à ma honte, je me levai tard. C'était un dimanche, ma cousine m'avait fait promettre de les accompagner, elle et sa mère, à la grand'messe, je fus prêt juste à temps pour tenir ma parole.

L'église Saint-Eloi où nous nous rendîmes a été reconstruite en 1560, dans le style ogival de la dernière époque. Malheureusement, le péristyle actuel, bâti par l'architecte Louis en 1783, est en complet désaccord avec le reste du monument, ce qui est d'un effet fort désagréable. Il se compose de dix colonnes corinthiennes supportant un fronton grec et deux campanules.

Après la messe, je visitai en détails l'intérieur de l'église, je remarquai surtout la chapelle du Saint-Sacrement. Elle renferme un joli retable moderne, sculpté, dans le style du XII° siècle, et une belle verrière également moderne; de plus, on y voit plusieurs tableaux de maîtres et les pierres tombales de Jean Bart, de sa femme et de l'amiral François-Cornil-Jean Bart, leur fils.

J'eusse voulu voir immédiatement le beffroi, ancienne tour de l'église; mais ma tante me fit remarquer qu'il était midi passé, que mon oncle nous attendait pour déjeuner et que mieux vaudrait revenir. Je me rendis à ce raisonnable avis. Mais quand, après le déjeuner, on parla de sortir, je revins à mon idée : le célèbre carillon me tintait dans les oreilles.

La tour du beffroi conserve dans sa partie inférieure des traces de l'époque romane. Haute de 90 mètres, elle est surmontée de signaux pour les navires en détresse. Son célèbre carillon, qui, au XVIIIe siècle, passait pour le plus joli du monde, a été renouvelé en 1853.

Du beffroi, nous nous rendîmes à la tour de Leughenaer ou tour du phare. Cette tour, qui avait été détruite en 1713, a été reconstruite. Pour arriver à sa plate-forme, nous dûmes gravir 270 marches; mais nous fûmes bien payés de notre peine quand nous nous trouvâmes en face d'un panorama magnifique, embrassant une étendue de dix lieues en tous sens. C'était la première fois que ma cousine montait dans la tour; elle fut ravie, et j'avoue que je partageai son admiration.

Ma tante n'avait pas voulu affronter les fatigues de l'ascension, elle nous attendait en bas. Nous lui fîmes, en la rejoignant, un rapport si enthousiaste sur ce que nous avions vu, que je crois bien qu'un moment elle regretta de n'avoir pas eu le courage de nous accompagner.

Nous passâmes sur la plage une partie de l'après-midi, et assistâmes à l'entrée de plusieurs navires. Un grand nombre d'étrangers, et parmi eux beaucoup d'Anglais, venus à Dunkerque pour y passer la belle saison, profitaient du beau temps qu'il faisait ce jour-là pour

TOUR DE DUNKERQUE

respirer à pleins poumons l'air pur et fortifiant de la mer. La plage était couverte de monde.

Il y avait foule au Casino. Juliette voulait y entrer.

— Demain, lui dit son père, nous ferons voir l'établissement à ton cousin, si toutefois cela l'intéresse; il ne pourrait le visiter à l'aise aujourd'hui; allons plutôt nous promener sur les bords du canal.

Et mon oncle nous conduisit près du canal, parallèle à la mer, qui va de Dunkerque à Furnes.

— Ce canal, nous dit-il, a exigé de grands travaux, mais il a rendu d'immenses services au pays. Cette contrée était horriblement marécageuse; au moyen de canaux latéraux d'épuisement, on est arrivé à la dessécher. Les travaux destinés à soutenir les desséchements sont appelés *wateringues*.... Remarque, ajouta-t-il, combien ce pays est riche et bien cultivé; eh bien, il n'y avait là autrefois que des plaines désolées dont on ne pouvait tirer aucun produit. Le pays des wateringues s'étend sur toute la lisière maritime de l'arrondissement de Dunkerque, c'est donc une très grande étendue de terrain que l'industrie humaine a conquise et dont elle tire des richesses considérables. En outre de ce canal, deux autres, ceux de Bergues et de Bourbourg, facilitent les relations commerciales entre l'intérieur des Flandres et la ville de Dunkerque, placée à la jonction des trois canaux. Tu comprends l'importance que donnent à notre ville de si nombreux moyens de communication avec les pays de production.

Nous avions marché longtemps, nous étions à une assez grande distance de Dunkerque, quand ma tante nous fit remarquer que l'heure avançait et qu'il serait raisonnable de revenir sur nos pas. Nous suivîmes son conseil.

Mon oncle n'avait cessé depuis plus d'une heure de me donner des explications sur tout ce qui frappait nos regards; il était un peu fatigué, sans doute, ou il avait épuisé ce qu'il avait à me dire sur les travaux exécutés dans la partie du pays où nous nous trouvions, car il laissa tomber la conversation. Juliette, qui de toute la journée n'avait pu trouver l'occasion de parler, la reprit aussitôt; seulement elle en changea le sujet.

— Mon cousin, me dit-elle, vous n'êtes jamais venu dans les Flandres ?

— Non, jamais, lui répondis-je.

— Alors vous ne savez pas ce que c'est qu'une kermesse ?

— Non, si ce n'est par ouï-dire.

— Combien de temps comptez-vous passer avec nous ?

— Trois jours; je pense partir après-demain.

— C'est trop tôt. Il faut que vous restiez au moins jusqu'à mercredi. Ma mère m'a promis de me conduire à la kermesse de C***, vous y viendrez avec nous.

— Juliette a raison, reprit ma tante. Vous voyagez pour voir et vous instruire, nous disiez-vous, Maurice; étudier les usages des pays que l'on visite n'est pas ce qu'il y a de moins intéressant en voyage.

— Tu vois qu'il faut absolument que tu restes, ajouta mon oncle, sans me laisser le temps de répondre; ces dames ont décidé de t'emmener à la kermesse, tu n'y peux échapper.

— Je ne l'essayerai pas, mon oncle.

— Voilà ce qui s'appelle s'exécuter de bonne grâce.

CHAPITRE III

ENVIRONS DE DUNKERQUE

Une kermesse. — Combat de coqs.

Je passerai sur les deux jours qui précédèrent la kermesse, deux jours de pluie, qui m'eussent paru bien longs partout ailleurs qu'en famille, car nous ne pûmes sortir, même pour aller visiter le Casino.

Le mercredi 8 juin, nous partîmes de Dunkerque de fort bon matin ; nous avions deux lieues à faire pour nous rendre à C***, et ma cousine ne voulait rien perdre de la fête. Le soleil avait reparu, une fraîche brise soufflait du nord-est, tout annonçait une belle journée, le voyage se fit gaiement.

Nous arrivâmes au moment où la procession sortait de l'église, une procession curieuse et bizarre, qui me rappela les mystères du moyen âge. Derrière le Saint-Sacrement marchaient des géants, des saints et des diables : le paradis et l'enfer. Cette procession ouvrait la kermesse, qui devait continuer dans la journée par des jeux, des danses et des réjouissances de toute sorte.

Un des attraits de la fête devait consister, ce jour-là, en un combat de coqs, cruel spectacle très goûté des Flamands. Mon oncle voulut absolument me faire assister à ce singulier combat. Pendant que Juliette et sa mère se rendaient sur la grand'place, où s'exécutaient les danses villageoises, il m'entraîna vers une sorte de cabaret placé à l'extrémité du pays. J'eusse préféré, je l'avoue, suivre ces dames, car les combats ne sont guère de mon goût, lors même que les combattants sont de nobles gallinacés; mais mon oncle me fit remarquer que je verrais partout danser des filles et des garçons, tandis que je ne pourrais, ailleurs qu'en Flandre, assister à des combats de coqs. La vérité est, je crois, que mon oncle partage le goût des Flamands pour ce jeu cruel du moyen âge, dont l'usage s'est conservé chez eux en dépit de la civilisation.

Ce jour-là, M. Dick, aubergiste de C***, appelait en combat singulier, au nom de *l'Amiral*, coq flamand de la plus belle espèce, ayant fait ses preuves dans maintes rencontres, tous les adversaires qui voudraient se présenter.

Le combat devait avoir lieu dans la grande cour de l'auberge. Lorsque nous arrivâmes, l'estrade élevée pour les spectateurs était encombrée par la foule, et nous n'eussions pu en approcher, si le propriétaire du lieu, ayant aperçu mon oncle, pour lequel il semblait professer une déférence toute particulière, ne se fût mis en devoir de nous faire placer.

L'heure du combat approchait; les parieurs, réunis autour des futurs combattants, en examinaient les formes avec la même attention que mettent nos turfistes parisiens à étudier celles des plus célèbres chevaux de course.

L'Amiral était un magnifique coq hollandais de la plus grande espèce; son poitrail bombé, sa large crête, sa superbe queue faisaient l'admiration des connaisseurs. Son rival, *le Grand-Vainqueur*, était, lui aussi, un superbe oiseau. Moins haut sur pattes que *l'Amiral*, il était large et trapu ; sa crête, d'un rouge foncé, son œil de feu annonçaient un tempérament des plus sanguins. Beaucoup pariaient pour lui.

Enfin le signal est donné ; les deux combattants sont tirés de leurs cages et mis en présence. Ils se regardent, se mesurent ; leurs plumes se hérissent. Tout à coup, *Grand-Vainqueur* s'élance sur son adversaire ; mais, habile lutteur, *l'Amiral* pare le coup, et, sans laisser à son ennemi le temps de revenir à la charge, fond sur lui, le culbute et lui arrache, près du cœur, une grosse touffe de plumes. La foule frémissante croit *Grand-Vainqueur* blessé à mort ; mais, au moment où elle s'apprête à saluer la victoire de *l'Amiral*, son adversaire lui saisit la tête entre ses griffes et lui enfonce son éperon dans le cœur.

— Bravo ! bravo ! hurle une partie des assistants pendant que l'autre pousse des cris de rage et d'horreur.

Le vainqueur, lui, les ailes déployées, le cou gonflé d'orgueil, trompette longuement sa victoire.

— Qu'en penses-tu ? me dit mon oncle.

— Mais c'est affreux, ne puis-je m'empêcher de lui répondre.

— Affreux !

— Mais oui, mon oncle, ce jeu est barbare.

— Tu trouves ?

— Oui. Pourquoi faire souffrir ainsi de malheureux oiseaux dans le simple but de nous procurer un spectacle ?

— Les hommes combattent bien souvent sans plus de motifs.

— Malheureusement.

— Et pourtant la guerre est un noble jeu.

— Jeu cruel et regrettable.

— Que tu voudrais bien abolir ainsi que les combats de coqs. Tu n'y réussiras pas.

Ce disant, mon oncle se leva, et, pendant que les Flamands qui nous entouraient se dirigeaient vers la grande salle de la taverne de M. Dick, dans l'intention, les uns de fêter par de joyeuses libations la victoire de leur favori, les autres de noyer dans les pots la honte de leur défaite, nous rejoignîmes les dames.

Il était déjà tard, et nous voulions rentrer à Dunkerque avant la nuit. Nous nous empressâmes d'aller dîner, après quoi nous nous remîmes en route, laissant les habitants de C*** aux plaisirs de la fête. Leur kermesse devait durer huit jours.

CHAPITRE IV

DE DUNKERQUE A GRAVELINES

Les dunes. — La bataille des dunes. — Gravelines.
Détails historiques.

Le lendemain, je disais adieu à mon oncle, j'embrassais ma tante et ma cousine, et, chargé de mon léger bagage, composé seulement d'une petite valise, d'un imperméable, de mon album et de mes crayons, je me mettais en route dans l'intention de suivre le littoral, visitant les moindres villages, étudiant les mœurs des habitants, et prenant, partout où j'en trouverais l'occasion, études et croquis.

Le voyage à pied est le plus agréable des voyages. On ne connaît pas un pays qu'on a traversé en chemin de fer, s'arrêtant seulement pour visiter les points signalés aux touristes. Les sites les plus pittoresques se trouvent le plus souvent loin des routes fréquentées, là où la main de l'homme n'a rien changé à l'œuvre de la nature. Et puis ce n'est pas dans les villes, mais dans les bourgades inconnues, que l'on peut vraiment étudier les mœurs et les usages particuliers à un pays, car là seulement ils ont pu survivre en dépit du temps et des révolutions.

J'avais envoyé ma malle à Calais, où je comptais passer quelques jours chez un de mes amis, qui peut-être m'accompagnerait en Normandie, et qui, en attendant, devait me faire les honneurs de sa ville natale.

Gravelines devait être ma première étape.

Je suivis le bord de la mer. Le sol est très bas dans cette partie du littoral, il est même parfois plus bas que la mer, dont les flots ne sont contenus que par d'immenses dunes, montagnes mouvantes formées par le sable fin, que le vent, balayant la plage, emporte jusqu'au pied des collines. Ces dunes, qui se déplacent souvent, sont et étaient surtout un danger pour les voyageurs, avant qu'on ait planté pour les retenir autant de roseaux qu'on en voit aujourd'hui.

Je m'informai du lieu exact où se livra, le 14 juin 1658, entre Turenne et Condé, le combat célèbre qui porte le nom de bataille des Dunes. Il est situé entre Dunkerque et Nieuport. Turenne, on le sait, combattait pour la cour et Condé commandait aux Espagnols. La victoire de Turenne contribua beaucoup à la paix des Pyrénées, signée, l'année suivante, entre la France et l'Espagne.

J'avais marché près de deux heures, et midi sonnait quand j'arrivai à Gravelines. J'avais faim, mon premier soin fut de m'informer d'un hôtel. On m'en indiqua un, situé sur le port; je m'y rendis.

L'établissement, que le matelot auquel je m'étais adressé qualifiait d'hôtel, n'était, à vrai dire, qu'une auberge des plus modestes; toutefois, en traversant la cuisine pour me rendre dans la salle à manger, je constatai avec plaisir la scrupuleuse propreté qui régnait dans la maison. Les tables, frottées avec soin, étaient d'une remarquable blancheur, les planchers d'une netteté parfaite; quant aux casseroles de cuivre, elles brillaient comme de l'or. Je me demandai comment la robuste Flamande, unique domestique de l'établissement, pouvait arriver à tenir tout en si bon état. Quelques jours plus tard, je parlais devant un propriétaire des environs, en visite chez mon ami Dupré, de mon étonnement à l'aspect de cette cuisine d'auberge.

— Mon cher Monsieur, me dit-il, ne connaissez-vous pas le dicton : *La femme romaine filait, la femme flamande frotte ?*

Je mangeai d'excellent appétit l'omelette au lard et le bifteck un peu

BATAILLE DES DUNES

dur, qui me furent servis et qui composaient tout le menu du jour. Comment ne pas bien déjeuner quand on vient de faire une course de seize kilomètres ? Je pris tranquillement mon café, en fumant un cigare, puis je me fis conduire dans ma chambre. Je réparai un peu le désordre de ma toilette; après quoi, rafraîchi et reposé, je me disposai à aller voir la ville, car je devais quitter Gravelines dès le lendemain matin.

Petite, mais régulièrement bâtie et d'un aspect agréable, la ville de Gravelines n'a aucun monument remarquable. Son port, situé sur l'Aa, est de peu d'étendue et manque de profondeur. Cependant il s'y fait un commerce important de charbon de terre, d'huile de foie de morue, de salaisons, d'œufs, de fruits, de liquides et surtout de bois du Nord.

Gravelines possède des chantiers pour la construction des navires. Elle est aussi port de pêche, principalement pour la morue, le maquereau et le hareng.

Après avoir visité le port, je n'avais plus rien à voir à Gravelines, si ce n'est l'arsenal. Gravelines, place de guerre de quatrième classe, qui fut fortifiée par Vauban et le chevalier Deville, possède un arsenal avec casemates. Je m'y rendis, mais on m'en refusa l'entrée, car je n'étais pas muni de permission.

Je rentrai tout de suite à l'hôtel. J'avais une longue course à faire le lendemain et voulais me reposer.

Je demandai à l'hôte s'il connaissait et pouvait me procurer quelque notice sur la ville. Il m'apporta une vieille brochure que je lus, en attendant le dîner, et dont j'extrais les renseignements suivants :

La ville de Gravelines date du XII° siècle ; elle fut fondée par Thierry, seizième comte de Flandre. Il y établit un havre et fit faire les travaux nécessaires pour y amener l'eau de l'Aa, de là le nom de Gravelines (*Graf-Linghe*, canal du comte). Elle fut ruinée par les Anglais en 1383, se rétablit et devint la possession du duc de Bourgogne en 1405. Charles-Quint y fit construire un château fort, lequel fut bientôt détruit par la guerre. La ville fut prise par Gaston d'Orléans, en 1644, et reprise par l'archiduc Léopold, en 1652. Les Français s'en rendirent maîtres en 1658, et elle leur fut laissée par le traité des Pyrénées (1659).

Comme j'achevais la lecture de la brochure où étaient renfermés ces détails, j'entendis sonner la cloche qui annonçait le dîner ; je descendis aussitôt de ma chambre dans la salle à manger. J'y trouvai cinq ou six Flamands, venus des environs pour le marché qui avait eu lieu ce jour-là. Il n'y avait qu'eux et moi dans l'auberge. Je m'assis à une petite table, placée près de la fenêtre, non loin de celle devant laquelle étaient installés les marchands. Je n'avais rien de mieux à faire que d'écouter une conversation qui n'avait, certes, rien de confidentiel. Après avoir parlé des cours du chanvre et de la betterave, et s'être plaints de la difficulté des affaires, ils s'entretinrent longuement d'un concert que devait donner, quelques jours plus tard, la fanfare de Gravelines ; ils discutèrent le programme, et je fus étonné de la justesse de leurs remarques, ainsi que de la vivacité, on pourrait dire de la passion, apportée dans une pareille discussion par des hommes que j'eusse crus bien indifférents aux questions artistiques.

J'ai eu occasion depuis de constater, en mainte occasion, que les Flamands étaient généralement fort amis des arts. Les hôtes de l'hôtel du *Cheval-Blanc* étaient de vrais Flamands.

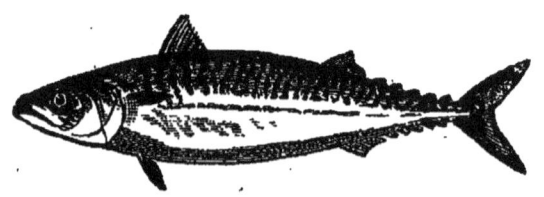

MAQUEREAU

CHAPITRE V

CALAIS

Notre-Dame de Bon-Secours. — Le port. — La grande jetée.
Histoire de Calais.

Le lendemain de bonne heure, je quittai Gravelines et, selon mon projet, continuai mon voyage en suivant le bord de la mer. L'aspect des dunes, appelées *mocris*, qui sur cette partie du littoral servent seules de digue aux flots, est monotone et profondément triste. Là, nulle végétation, si ce n'est de temps en temps quelques maigres plantations destinées à retenir les sables.

J'arrivai au golfe de Gravelines où aboutit la rivière de l'Aa qui sert de limite entre le département du Nord et celui du Pas-de-Calais. Les côtes de ce dernier département ne diffèrent guère, au moins jusqu'à Calais, de celles du département du Nord. Toujours le même terrain humide! toujours et toujours les dunes!

Le vent soufflait de l'ouest; le flux, en montant, amenait l'ouragan, qui, plus violent d'instant en instant, menaçait de devenir terrible. J'étais seul sur la côte déserte, seul, avec la tempête et Dieu! Fatigué de la longue course que j'avais déjà faite — je marchais depuis le matin, et il était deux heures de l'après-midi, — je m'assis sur une pierre ; le spectacle que j'avais sous les yeux me fascinait à ce point, que je ne pensai même pas à déjeuner, bien que, persuadé que je ne trouverais guère d'auberges sur mon chemin, j'eusse emporté des provisions de Gravelines. Mais comment ne pas oublier, non seulement les préoccupations, mais les exigences de la vie devant le grandiose spectacle que j'avais devant les yeux ? Le regard fixé sur cette mer menaçante et terrible, mon imagination évoquait les plus sombres souvenirs ; les drames les plus émouvants se déroulaient devant moi ; je respirais à peine, tant j'étais impressionné.

Cependant l'estomac ne se nourrit pas de poésie ; le mien me rappela enfin sa présence, et il fallut, bon gré mal gré, me résigner à le satisfaire.

Lorsque j'eus bu et mangé, je me sentis parfaitement reposé. Pendant que je prenais mon modeste repas composé de viande froide et de fruits, le vent s'était un peu calmé ; les nuages, amoncelés sur ma tête un instant auparavant, s'étaient dissipés, et en même temps la tristesse qui me dominait depuis le matin. Je me remis en route. Le soleil était déjà bas à l'horizon lorsque j'aperçus de loin le clocher de l'église de Bon-Secours. J'allais donc enfin atteindre le but de ma course. Mais cette église se voit de fort loin, et à mesure que je marchais, le clocher semblait s'éloigner. La nuit était presque noire quand j'arrivai chez mon ami ; il m'avait attendu pour dîner et commençait à désespérer de me voir ce jour-là.

Il me présenta à ses parents, deux aimables vieillards dont il est le dernier enfant. Ceux-ci m'accueillirent avec la plus franche et la plus cordiale bienveillance.

Aussitôt que j'eus dîné, M. Dupré m'engagea à aller me coucher ; je devais, me dit-il, avoir besoin de repos. J'avoue que j'eusse fait fort mauvaise figure, s'il m'eût fallu en ce moment soutenir la moindre conversation.

Charles me conduisit à ma chambre; mais, comme nous l'avait recommandé la bonne Mme Dupré, nous remîmes à plus tard le plaisir de causer. Il me quitta immédiatement, et je ne fus pas longtemps à me mettre au lit.

Aussitôt couché, je m'endormis pour ne me réveiller que le lendemain à dix heures bien passées; encore mon sommeil se fût-il prolongé davantage, si Charles ne fût venu me prévenir que ses parents déjeunaient à onze heures et que je n'avais que le temps de m'habiller pour me rendre à la salle à manger.

Je trouvai mes hôtes aussi aimables, aussi charmants que la veille.

Après le déjeuner, comme je parlais de sortir avec Charles, son père, qui est un savant, me proposa de nous accompagner et de me guider dans sa ville natale. J'acceptai son offre de grand cœur, sûr qu'en sa compagnie notre promenade serait aussi instructive qu'agréable.

Nous nous dirigeâmes d'abord vers Notre-Dame de Bon-Secours. Cette église, bâtie par les Anglais, la même que j'avais aperçue de si loin la veille, est surtout remarquable à l'extérieur par l'élévation et l'élégance de son clocher; à l'intérieur, j'admirai le maître-autel en marbre blanc d'Italie et un tableau de l'Assomption peint par Van Dyck.

En sortant de l'église, nous nous rendîmes à l'hôtel de ville. La flèche élégante, qui sert de tour au beffroi, fut restaurée en 1740. Nous remarquâmes, devant l'hôtel de ville, les bustes en bronze du duc de Guise, le libérateur de Calais, et de Richelieu, qui fut le fondateur de la citadelle et de l'arsenal.

De l'hôtel de ville, M. Dupré nous conduisit au port.

— Malheureusement, me dit-il, pendant que nous nous y rendions, le port de Calais a beaucoup perdu de son ancienne importance, importance qu'eût dû lui conserver sa position exceptionnelle par rapport à l'Angleterre. Calais n'est qu'à vingt-huit kilomètres de Douvres; c'est

CHAPITRE V

donc de tous nos ports le plus rapproché de l'Angleterre. La traversée de Calais à Douvres se fait en sept quarts d'heure. Deux causes ont contribué à la déchéance de notre ville : d'abord, son port s'ensable constamment, puis il est mal défendu ; il lui faudrait trente mètres de fortifications de plus.

En traversant Calais, je remarquai que cette ville était bien pavée et en somme fort jolie, ce qui, joint aux avantages et à la beauté de sa position, explique assez que tant de baigneurs anglais et français aiment à y passer la belle saison. Il y en avait une grande affluence sur le port quand nous y arrivâmes ; un bateau à vapeur venait de partir pour Douvres, et, quoique le même spectacle leur soit offert plusieurs fois par jour, les baigneurs aiment toujours à assister au départ du steamer, c'est une de leurs distractions.

Le port contient une centaine de navires de 500 à 600 tonneaux ; il communique par un canal avec les villes de l'intérieur. Quand nous l'eûmes visité, mes amis me conduisirent à la grande jetée, qui a plus d'un kilomètre de longueur.

Le temps était beau et clair, et je pus distinguer parfaitement les côtes d'Angleterre et même le château de Douvres.

De la grande jetée de Calais on est si près de l'Angleterre, qu'on ne serait pas éloigné de croire qu'on pourrait bien quelque jour jeter sur le détroit, comme on en a déjà eu l'idée, un pont gigantesque qui réunirait les deux pays et faciliterait leurs relations commerciales.

Un autre projet a également été formé, qui même a eu un commencement d'exécution, c'est celui d'un grand tunnel qui réunirait la France et l'Angleterre. Les Anglais ont fait suspendre chez eux les travaux commencés, mais il faut espérer qu'ils reviendront bientôt sur une décision inspirée par une méfiance exagérée, également contraire aux intérêts véritables de deux grandes nations.

Sur la jetée, est une colonne commémorative du retour des Bourbons dont l'inscription est effacée. C'est là que Louis XVIII, ramené par les Anglais, débarqua en 1814.

M. Dupré me fit remarquer, tout auprès de cette colonne, une plaque en bronze, laquelle constate que Louis-Philippe et plusieurs membres de sa famille débarquèrent là, après avoir essuyé une tempête en se rendant de Boulogne au Tréport.

En quittant la jetée, nous vîmes sur le port, près de la porte de la ville, un monument élevé à Garet et à Mareschal, morts le 17 octobre 1791 en sauvant des matelots.

Nous terminâmes notre journée par une promenade sur les remparts, durant laquelle M. Dupré se plut à tracer à mon intention un résumé succinct de l'histoire de Calais. Je crois intéressant de le rapporter ici, autant, du moins, que me le permettra ma mémoire. Le père de mon ami m'a d'ailleurs, en rentrant chez lui, confié sur cet intéressant sujet quelques notes qui me seront fort utiles.

La ville de Calais est mentionnée pour la première fois au ixe siècle, sur un registre des biens de l'abbaye de Saint-Bertin, sous le nom de *Scala*. Au xe siècle, une dotation fut faite par Lothaire à la même abbaye. Louis VI autorisa *les confédérations* des habitants de Calais. Avant la fin du xiie siècle, les Calaisiens étaient assez forts pour exiger de leur suzerain, le comte de Boulogne, une charte qui leur accordait des échevins, un marché et l'exemption de certains droits féodaux. En 1196, ils formèrent une ghilde ou association commerciale, dans laquelle entra le comte de Boulogne.

A cette époque, Calais prit beaucoup d'importance. C'est à Calais que s'embarqua Louis, fils de Philippe-Auguste, appelé au trône par les Anglais. Cette ville reçut dans ses murs le pape Innocent III, qui s'opposait à son entreprise. Calais n'était alors défendu que par la mer, des marais profonds et la rivière de Guines. Philippe Hurepel, duc de Boulogne, l'entoura de fortifications pendant la minorité de saint Louis. Dès lors, les Anglais convoitèrent Calais. Saint Louis,

ÉDOUARD III ET LES BOURGEOIS DE CALAIS

qui comprenait l'importance de cette place, exigea de la comtesse Mahaut (1233), que Calais s'ouvrît aux troupes françaises toutes les fois qu'il y aurait danger de guerre avec l'Angleterre. Calais devint le point de mire des deux puissances rivales. Philippe le Bel arma deux fois dans son port contre la Flandre et contre l'Angleterre. Ses corsaires calaisiens enlevèrent des bâtiments en charge pour l'Angleterre, et celle-ci songea à s'emparer d'une place menaçante pour son commerce.

Charles le Bel plaça dans Calais une forte garnison, afin de la préserver contre les tentatives de l'ennemi.

Mais le 26 août 1346, Philippe de Valois était vaincu à Crécy par Edouard III, et quatre jours après, le roi d'Angleterre mettait le siège devant Calais et établissait autour de ses murs une ville nouvelle, où les Anglais eurent des maisons de bois commodes et où ils furent bien approvisionnés. Il allait ensuite en Angleterre chercher dix vaisseaux, afin de resserrer la ville par terre et par mer. Il comptait sur la famine pour amener les Français à se rendre. Pendant ce temps, Philippe de Valois réunissait à Amiens son armée féodale. Mais pour rassembler une pareille armée, il fallait du temps. Elle ne parut qu'en juillet, et Philippe, trouvant l'ennemi trop fort, se retira; une flotte qu'il avait envoyée contre les Anglais se retira également. Calais dut enfin capituler devant la famine. Jean de Vienne, gouverneur de la ville, traita avec les envoyés d'Edouard : Gautier de Mauny et le sire de Basset. Il demandait « qu'on laissât les habitants aller tout ainsi qu'ils étoient; » mais Edouard exigea que six notables fussent amenés devant lui pieds nus, la hart au col, et vinssent se mettre à sa merci. Ceux qui se dévouèrent furent d'abord Eustache de Saint-Pierre, puis Jean d'Aire, Jacques de Wissant, Pierre de Wissant, son frère, et deux autres bourgeois de Calais.

Déjà Edouard demandait le coupe-tête, quand la reine Philippine de Hénault implora et obtint leur grâce. Edouard retint prisonniers Jean de Vienne et les chevaliers qui avaient pris part à la résistance. La ville fut dépeuplée de ses habitants et repeuplée d'Anglais.

CHAPITRE V

Edouard combla Calais de privilèges, la dota d'un hôtel des monnaies, l'érigea en entrepôt des laines anglaises, ordonna aux navires, dans le détroit, d'aborder de préférence dans son port, et ajouta, aux franchises accordées à cette ville par les rois de France, celles qui avaient été données à Douvres par les rois d'Angleterre.

PALAIS DU DUC DE GUISE

Quatre bourgeois de Calais devaient aller rendre compte au roi d'Angleterre de l'état du commerce.

Richard II favorisa également Calais; il confirma les privilèges des marchands et autorisa les bourgeois à élire un alderman qui marcherait précédé d'un sergent portant l'épée nue, la pointe tournée vers le ciel.

Pendant deux siècles, la ville de Calais resta au pouvoir des Anglais, toutes les tentatives faites par les Français pour la reprendre ayant échoué.

En 1348, le comte de Charny, gouverneur de Saint-Omer, offrit 20,000 écus au commandant du château de Calais pour le lui livrer. Celui-ci accepta d'abord, mais il se repentit bientôt de sa trahison et, lorsque Charny se présenta, croyant payer et entrer dans le fort, les portes, en s'ouvrant, donnèrent passage au roi d'Angleterre.

Jean sans Peur et Philippe le Bon essayèrent de construire une bastille sous les murs de Calais. Pendant la guerre des Deux-Roses, Calais eut pour gouverneur Warwick, celui que l'histoire appelle *le faiseur de Rois*.

Quand on eut vu Henri VII et Henri VIII entrer en France par Calais, on s'inquiéta et on s'occupa sérieusement des moyens à prendre pour éviter de nouvelles invasions de l'ennemi. François Ier négocia à cet effet avec l'Espagne, mais sans résultat. Enfin, sous son fils Henri II, le 1er janvier 1558, le duc de Guise parut sous les murs de Calais; le 6, à la tête de la noblesse française, il traversait le port à marée basse et donnait l'assaut au château. La garnison anglaise ne put lui résister.

A la nouvelle de la prise de Calais, une grande joie éclata dans toute la France; on écrivit des poèmes pour célébrer la gloire du héros qui avait rendu à son pays une place si importante, une place dont la perte fut si sensible à l'ennemi, que Marie d'Angleterre, mourante, disait :

— Si on ouvrait mon cœur, on y trouverait gravé le nom de Calais.

Une clause du traité de Cateau-Cambrésis stipulait que Calais serait rendu à l'Angleterre, si, au bout de huit ans, le roi de France n'avait pas payé au roi d'Angleterre 500,000 couronnes. Cependant, en 1567, la France devait encore cette somme. Charles IX allégua que la paix avait été violée et, en conséquence, les conditions du traité annulées; en vain les Anglais réclamèrent-ils, la ville de Calais était définitivement devenue française. Dès lors, ses habitants se montrèrent toujours prêts à attaquer l'Angleterre, lors même que cette nation était en paix avec la France.

Les corsaires de Calais se signalèrent, sous Louis XVI, dans les guerres de l'indépendance américaine, et, plus tard, dans celles de la Révolution et de l'Empire.

CHAPITRE VI

SAINT-PIERRE-LEZ-CALAIS

Nous avions projeté pour le lendemain une promenade à Saint-Pierre-lez-Calais, aujourd'hui un des faubourgs de cette ville. La principale industrie de Saint-Pierre est la fabrication des tulles de soie et de coton, des dentelles à la mécanique et des rideaux. Le produit annuel du tulle seul dépasse deux millions. L'animation est grande dans ce faubourg, où s'agite tout un monde d'ouvriers.

Nous passâmes plusieurs heures à visiter les principales fabriques, dont les propriétaires, tous connus de M. Dupré, nous firent les honneurs avec une charmante affabilité.

Nous dînâmes à Saint-Pierre, et ce n'est qu'à la nuit close que nous rentrâmes dans l'intérieur de la ville.

Quand nous arrivâmes sur le quai, tous les feux du port — les feux fixes à éclats des trois phares placés sur une tour des fortifications, le feu fixe rouge de l'extrémité nord de la jetée et le feu fixe de marée, placé à l'ouest sur le fort Rouge, — brillaient d'un éclat d'autant plus vif que la nuit était très noire, vu l'absence complète de lune.

M. Dupré nous ayant proposé d'aller respirer quelques instants sur la jetée l'air frais qui commençait à s'élever et semblait d'autant plus agréable que la journée avait été exceptionnellement chaude, nous acceptâmes avec empressement.

Nous nous assîmes. Bientôt je me sentis envahi par l'émotion. Je pensais au marin qui, dans l'obscurité de l'Océan, fixait peut-être en ce moment les feux protecteurs qui pour lui brillaient à l'horizon et lui montraient de loin le port désiré, le clocher de la ville natale, le foyer domestique où l'attendaient sa femme et ses enfants. Ces phares, allumés par la main de l'homme pour guider d'autres hommes, perdus peut-être sur le vaste et perfide Océan, me semblaient l'expression de la plus touchante fraternité.

Je serais volontiers resté longtemps à rêver ainsi ; mais Charles et moi nous devions partir de bonne heure le lendemain, et M. Dupré nous engagea à rentrer afin de prendre un repos nécessaire.

J'avais décidé M. et Mme Dupré à consentir à ce que leur fils m'accompagnât dans mon voyage. Charles en avait la plus grande envie, mais il craignait de contrarier ses parents en les quittant ainsi pendant les vacances et, si je n'eusse moi-même tâté le terrain, je crois qu'il ne se fût jamais décidé à leur parler du projet que nous avions formé ensemble avant de quitter Paris, lui pour aller les retrouver à Calais et moi pour aller à Tours embrasser ma chère Hélène. Cependant, au premier mot que je hasardai sur ce sujet, M. Dupré comprit et l'envie que Charles avait de voyager et la raison qui le retenait, il ne s'étonna pas du désir de son fils, et m'assura qu'il ne prétendait nullement l'empêcher de le satisfaire.

— Voici quinze jours qu'il est avec nous, me dit-il ; qu'il nous donne le même temps à la fin des vacances, et nous serons contents, sa mère et moi. A notre âge, on aime à demeurer chez soi ; au vôtre, c'est autre chose : le voyage est un puissant moyen d'instruction, et le jeune homme doit apprendre ; quant au vieillard, il se souvient et cela lui suffit, ou plutôt, ajouta-t-il, en soupirant, il doit s'en contenter quand il est comme moi goutteux et asthmatique.

Le soir même, M. Dupré engageait son fils à m'accompagner en Normandie ; comme on pense, Charles ne fut pas difficile à décider.

Nous étions à la veille de quitter Calais.

Le lendemain matin, bien avant sept heures, mon ami entrait dans ma chambre.

— Lève-toi donc, me dit-il, nous avons beaucoup de chemin à faire aujourd'hui.

— Tu voudrais être en route, lui répondis-je ; mais sois tranquille, je ne te ferai pas attendre.

Un quart d'heure plus tard, nous étions assis, tous deux, devant la table de la salle à manger, en train de prendre une bonne tasse de chocolat accompagnée de beurre frais et de rôties dorées. M. et Mme Dupré nous regardaient faire ; il n'était pas l'heure où ils avaient l'habitude de déjeuner, et je crois qu'ils n'étaient guère en appétit, quoiqu'ils fissent tout leur possible pour paraître gais.

Dès que nous eûmes fini, nous prîmes congé des vieillards. Mme Dupré nous embrassa tous les deux ; M. Dupré, après avoir pressé son fils sur sa poitrine, me donna une cordiale poignée de main. L'un et l'autre me traitaient comme un second enfant, moi qui leur enlevais leur fils. Je me repentis un instant d'avoir plaidé contre eux la cause de Charles.

CHAPITRE VII

BOULOGNE

Notre-Dame de Boulogne. — La colonne de Napoléon.
La ville haute.

Le commencement du voyage fut un peu triste. Charles pensait à ses bons parents qu'il privait de la joie de sa présence, et se demandait si le plaisir de visiter des pays inconnus valait celui de procurer un peu de joie à des êtres aimés. Je comprenais trop bien ses préoccupations pour chercher à l'en distraire.

Cependant, à mesure que nous nous éloignions de Calais, la gaieté nous revenait, et quand, vers une heure de l'après-midi, nous arrivâmes à Wissant, nous étions disposés à prendre joyeusement notre premier repas de voyageurs.

Le village de Wissant est l'ancien *Itus Portus* d'où César s'embarqua pour la Grande-Bretagne, mais son port est aujourd'hui complètement ensablé.

Après le déjeuner, notre hôte se mit à notre disposition pour nous faire visiter les restes d'un camp romain. C'est la seule chose à voir à Wissant.

Nous quittâmes ce village de bonne heure. Nous n'avions qu'une courte étape à fournir de Wissant à Ambleteuse où nous devions coucher. Nous y arrivâmes entre quatre et cinq heures.

La position de cette ville nous frappa d'admiration. De la plage qui offre une grande étendue, on voit très distinctement Boulogne.

Napoléon Ier avait fait placer à Ambleteuse une des ailes de sa flottille; il aimait, dit-on, à contempler de cette plage ses vaisseaux, rangés en ligne le long du port de Boulogne.

— Il est à regretter, dis-je à Charles, que l'on ait laissé ensabler une plage aussi exceptionnelle que celle-ci.

— Ambleteuse, me dit mon ami, qui avait bien des fois entendu raconter par son père l'histoire de cette ville, Ambleteuse était dès le VIe siècle une ville commerçante. Ravagée par les Normands, elle fut relevée par Renaud de Boulogne, prise par Henri VIII en 1544, et reprise par Henri II en 1549. Elle avait alors un très beau port, que les sables, poussés par les vents de l'ouest, finirent par combler, mais que Louis XIV chargea Vauban de refaire et que, plus tard, Napoléon rendit à son ancienne splendeur dont elle est aujourd'hui bien déchue.

Après avoir passé quelque temps sur la plage d'Ambleteuse, nous nous rendîmes à l'hôtel où nous devions dîner et coucher. A huit heures, nous étions au lit. Cette première journée de voyage nous avait tellement fatigués que nous ne nous réveillâmes le lendemain que fort avant dans la matinée. Nous prîmes à la hâte une tasse de café et nous nous remîmes en route. Nous arrivâmes à Boulogne pour déjeuner.

Charles avait des parents dans cette ville. Avertis de notre arrivée, ils avaient écrit à mon ami qu'ils nous attendaient, que nos logements étaient préparés. Ils n'avaient vu Charles qu'une fois, chez des amis communs; quant à moi, ils ne me connaissaient en aucune manière, et pourtant ils nous firent le plus charmant et le plus cordial accueil.

CHAPITRE VII

Nos hôtes étaient des jeunes gens, qui, mariés depuis quelques années, n'avaient pas d'enfants. Ils habitaient Paris trois mois de l'année et passaient les neuf autres mois dans une jolie maison à l'anglaise, située dans le quartier le plus élevé de Boulogne.

Mme de Maresmes nous conduisit dans les chambres qu'elle nous avait fait préparer, et, après s'être assurée par elle-même que rien n'avait

AMBLETEUSE

été oublié de ce qui pouvait nous être nécessaire ou même agréable, elle nous quitta en nous recommandant de ne pas être trop longtemps à descendre, vu qu'il était l'heure du déjeuner. Nous procédâmes à notre toilette sans perdre de temps.

J'étais prêt bien avant Charles. Je voulus me rendre compte de la position de ma chambre; j'ouvris ma fenêtre, et fus émerveillé du magnifique spectacle qui s'offrit à mes regards : au-dessous de moi, le port ; plus loin, sur une immense étendue, la mer ; et puis, à l'horizon, les côtes d'Angleterre. On ne saurait imaginer une vue plus splendide.

Charles me tira de ma contemplation, en m'annonçant que sa toilette était terminée. Je me rappelai la recommandation de Mme de Maresmes et le suivis. Nos hôtes nous attendaient au salon ; nous passâmes aussitôt dans la salle à manger, où je retrouvai la même vue que j'avais admirée de ma chambre.

— Quelle magnifique position que celle de cette maison, dis-je à Mme de Maresmes.

— Vous trouvez ? me répondit-elle ; c'est moi qui l'ai choisie.

— Je vous en félicite, Madame.

— Vous n'êtes jamais venu à Boulogne ? me demanda M. de Maresmes.

— Jamais.

— C'est une charmante ville.

— Je suis sûre qu'elle vous plaira, ajouta sa femme.

M. et Mme de Maresmes sont Boulonais et vantent volontiers leur ville natale qu'ils aiment passionnément.

Après le déjeuner, nos hôtes nous demandèrent si nous étions reposés de notre course du matin, et sur notre réponse affirmative, nous proposèrent une promenade à la colonne de Napoléon Ier.

Pendant que Mme de Maresmes s'apprêtait pour sortir, son mari nous fit visiter son jardin. Il n'est pas grand, mais on y jouit de la même vue qui rend la maison si agréable, et l'on y respire un air pur et vivifiant apporté par la brise marine.

— Avant tout, nous dit Mme de Maresmes en nous rejoignant, nous devrions aller à l'église Notre-Dame dont nous sommes tout près, comme vous avez pu le voir en vous rendant ici.

— En effet, reprit son mari.

— Notre-Dame de Boulogne, nous dit Mme de Maresmes dans le chemin, est aussi vénérée ici que Notre-Dame de Grâce à Honfleur, ou Notre-Dame de la Garde à Marseille. Nos marins ont en elle la plus tendre confiance.

PORTE DE CALAIS A BOULOGNE

— Notre-Dame de Boulogne doit avoir sa légende? demandai-je.

— Oui, reprit Mme de Maresmes. Autrefois il n'existait sur la côte qu'un pauvre petit oratoire, tout couvert de genêts et de joncs marins. Un jour que les fidèles y priaient avec dévotion, la Vierge Marie leur apparut et les avertit qu'un vaisseau, contenant son image, entrait dans la rade. Ils regardèrent ; la mer était très calme ; un vaisseau, couronné de lumières, avançait lentement vers le rivage sans aucun secours humain. Ils coururent vers le vaisseau et y trouvèrent en effet une adorable statue de la Vierge tenant l'enfant Jésus dans ses bras ; elle était en bois et haute de trois pieds et demi. En creusant le sol à la place de l'ancien oratoire, on trouva les matériaux d'une nouvelle chapelle où l'on déposa pieusement la statue de Notre-Dame, et qui devint l'objet de nombreux pèlerinages, lesquels devaient être une source de richesses pour la ville. Comme on venait des extrémités de l'Orient implorer la Vierge de Boulogne, il fallait construire des hôpitaux pour recevoir les étrangers retenus dans cette ville par la maladie, ou ceux auxquels leur pauvreté ne permettait pas de regagner leur patrie. Il se forma une confrérie de Notre-Dame de Boulogne qui se propagea et dont une succursale fut installée aux environs de Paris.

— C'est de là que vient le nom du village et du bois de Boulogne, observa Charles.

— Justement, répondit Mme de Maresmes.

Tout en écoutant notre gracieuse hôtesse, nous étions arrivés devant l'église qui a remplacé la chapelle de Notre-Dame. Cette église, commencée en 1827, est construite dans le style grec. En dessous est une crypte fort curieuse qui fut découverte pendant les travaux nécessités par l'érection de l'édifice qui est long de cent mètres et large de quarante. La crypte, ornée de deux rangs de colonnes cylindriques, était remplie d'ossements.

La partie la plus remarquable de l'église de Notre-Dame de Boulogne est son dôme surmonté d'une Vierge colossale, ouvrage de Bonassieux. Cette statue bénie, placée sur le point le plus culminant de la ville, la domine et la protège.

L'intérieur de l'église n'offre rien d'absolument curieux au point de vue architectural, mais on y respire comme un parfum de piété laissé par les nombreux et dévots pèlerins qui viennent chaque année visiter ce célèbre sanctuaire.

En sortant de l'église, nous prîmes une voiture pour nous rendre à

COLONNE DE BOULOGNE

la colonne de Napoléon. Je remarquai qu'elle était conduite par un fort joli cheval.

— C'est un bel et bon animal, en effet, répondit M. de Maresmes ;

voyez comme il marche. Les chevaux boulonais méritent leur renommée d'excellents chevaux de trait.

Nous mîmes fort peu de temps à arriver au but de notre course.

La colonne a été construite à l'endroit même où, le 15 août 1804, Napoléon distribua, pour la première fois, aux braves de son armée la décoration de la Légion d'honneur. Des baraques élégantes, entourées de jardins, avaient été construites dans la campagne ; partout s'élevaient des pyramides, des obélisques. L'armée était rangée en amphithéâtre dans la vallée ; le trône impérial, ombragé par les drapeaux conquis en Italie et les guidons pourprés apportés d'Egypte, en occupait le fond. Si, quelque jour, la colonne était détruite, on trouverait une pierre portant cette inscription : « Première pierre du monument décerné par l'armée expéditionnaire de Boulogne et la flottille à l'empereur Napoléon, posée par le maréchal Soult, commandant en chef. 18 brumaire, an XIII (9 novembre 1804). ». La colonne, commencée sous Napoléon en souvenir du 15 août 1804, fut continuée par Louis XVIII pour célébrer le retour des Bourbons, et achevée pour Louis-Philippe qui la rendit à sa première destination. Elle a été construite en marbre de Marquise sur les dessins de M. Labarre ; elle est haute de cinquante mètres, son style est du dorique composé. Une statue en bronze de Napoléon, due au sculpteur Bosco, la surmonte.

Mme de Maresmes nous ayant proposé de monter à la plate-forme, nous acceptâmes avec enthousiasme ; le gardien nous précéda, et nous gravîmes courageusement à sa suite un escalier étroit et difficile, composé d'un nombre de marches vraiment effrayant.

Mais nous fûmes bien récompensés de notre peine en arrivant en haut de la colonne. Le temps, parfaitement clair ce jour-là, nous permettait d'apercevoir distinctement, non seulement la côte d'Angleterre,

NAPOLÉON Iᵉʳ

CHAPITRE VII

mais le château de Douvres, ce qui est très rare, puis le mont Cassel et une grande partie des départements du Nord et du Pas-de-Calais.

Il faisait peu de vent, de sorte que nous pouvions jouir à l'aise du magnifique panorama qui se déroulait devant nous.

Je fus d'abord frappé d'admiration; bientôt pourtant, mes yeux se fixant obstinément sur l'Angleterre, je songeai à la honte que nous infligea à diverses reprises notre fière voisine, et je sentis une amère tristesse envahir mon cœur. Mais je ne m'absorbai pas longtemps dans de si pénibles pensées; je songeai aux victoires qui avaient racheté nos défaites; Crécy et Azincourt s'effacèrent devant la grande figure de l'héroïne de Vaucouleurs.

— Après tout, me dis-je, s'ils nous ont vaincus, nous les avons chassés; nous pouvons regarder le front haut les côtes d'Angleterre.

Du haut de la colonne, Napoléon semble encore jeter un défi à ses anciens ennemis. Et cependant, grâce à Dieu, aujourd'hui la lutte a cessé, la paix règne entre les deux nations; elles se donnent la main à travers le détroit, elles marchent côte à côte dans la voie de la civilisation, et, si elles sont encore rivales, c'est sur un autre champ de bataille, celui de la lumière et du progrès.

J'étais absorbé dans ces pensées, quand M. de Maresmes me fit observer que le gardien nous attendait et devait trouver notre contemplation bien longue. Nous redescendîmes, et, pour dédommager cet homme du temps que nous lui avions fait perdre, Charles et moi nous choisîmes plusieurs objets parmi ceux qu'il offre habituellement aux voyageurs, comme souvenirs de leur ascension à la colonne, et dont la vente est peut-être le plus sérieux de ses profits : ce sont des coupes et des serre-papiers en marbre de Marquise, semblable à celui qui a été employé pour la construction de la colonne.

Avant de rentrer chez M. de Maresmes, nous visitâmes la ville haute. A l'exception du quartier neuf habité par les Anglais, les rues y sont étroites et les maisons mal bâties; seulement les remparts plantés d'arbres forment de charmantes promenades, d'où l'on jouit d'une vue magnifique.

RUE DES MACHICOULIS A BOULOGNE

CHAPITRE VIII

BOULOGNE (suite)

La ville basse. — Les jetées. — Le port.

Le lendemain, Charles et moi, nous nous levâmes de bonne heure ; nous voulions visiter le port avant le déjeuner. Dès sept heures, nous étions en route, et nous descendions la pente rapide qui sépare la haute ville de la ville basse.

Les rues de la basse ville sont excessivement régulières ; quelques-unes ont de beaux trottoirs en marbre. Trois ponts, construits sur la Liane, réunissent Boulogne au faubourg de Capédure, où se trouvent les constructions du chemin de fer. En amont, la Liane, très large, semble un lac entouré de vertes campagnes ; elle forme en aval un port très allongé, dont les quais, toujours encombrés de marchandises, sont bordés de navires et de bateaux à vapeur. A l'ouest est un vaste bassin circulaire creusé, sous Napoléon, dans un terrain sablonneux et devenu, plus tard, bassin à flot.

Deux belles jetées protègent l'entrée du port, dont quinze redoutes formidables et les forts de l'Heurt et de la Brèche défendent l'abord.

Boulogne, dit-on, annonce dignement la France à l'étranger, soit qu'il y vienne en ami, soit qu'il s'y présente en ennemi.

Boulogne est aujourd'hui en pleine voie de prospérité. Depuis que l'usage de la vapeur a enlevé à Calais l'avantage que lui procurait autrefois sa position à l'abri du vent d'ouest, Boulogne a hérité de l'ancienne importance de cette dernière ville. Un grand avantage de Boulogne sur Calais, c'est que l'élévation moyenne des marées dans la rade de Boulogne est supérieure d'un mètre à celle de Calais, dont le port d'ailleurs tend à s'ensabler de plus en plus.

Le nombre des voyageurs qui s'embarquent à Boulogne pour passer en Angleterre augmente tous les ans. Des paquebots partent régulièrement chaque jour pour Folkstone et, chaque jour aussi, amènent à Boulogne un nombre considérable d'Anglais.

Un quart de la population de Boulogne est anglaise, au moins d'origine, et beaucoup de familles d'outre-Manche viennent s'installer chaque année dans cette ville, soit pour y passer la saison des bains, soit même pour y demeurer tout à fait.

En outre des bateaux de transport, Boulogne compte de nombreux bateaux destinés soit à la pêche de la morue, dans les mers d'Islande et à Terre-Neuve, et à la pêche côtière des harengs, soit au transport des marchandises qui font l'objet de son commerce, comme le genièvre, les eaux-de-vie, les toiles fines, le bois et le chanvre du Nord.

L'aspect du port de Boulogne est très animé, aussi les quais sont-ils la promenade favorite des Boulonais et surtout des nombreux étrangers qui, à partir de juin, affluent à Boulogne.

Un fort joli Casino a été bâti à Boulogne il y a quelques années ; les fêtes y sont nombreuses et brillantes. Nous eussions désiré visiter cet établissement, mais l'heure avançait, et nous ne voulions pas faire attendre nos hôtes.

Nous passâmes le reste de la journée chez M. de Maresmes.

PÊCHE A LA MORUE

CHAPITRE VIII

Nous avions projeté une promenade à la campagne. Mme de Maresmes avait même retenu à cette intention une charmante petite voiture à âne. Les ânes du Boulonais sont d'une très belle espèce, et on les emploie beaucoup comme attelage. Celui qui devait nous conduire ce jour-là, et que nous avions vu la veille à l'écurie, était une charmante bête, brun foncé, à la vive allure, un délicieux petit âne enfin. Mais la pluie, qui survint pendant le déjeuner et dura toute la journée, ne nous permit pas de sortir; nous nous en consolâmes en faisant causer M. de Maresmes. Il nous raconta l'origine et nous fit l'histoire de sa ville natale. Ce qu'il nous dit ce jour-là et les divers renseignements qu'il nous donna en d'autres occasions, me permettront de placer ici un aperçu général de l'histoire de Boulogne.

MORUE

CHAPITRE IX

BOULOGNE (*suite*)

Notions historiques.

L'emplacement de Boulogne fut choisi par Jules César. En s'embarquant pour la Grande-Bretagne, il chargea un de ses parents, Pédius, de bâtir une ville à l'embouchure de la Liane, petite rivière qui se jette dans la Manche. Celui-ci la construisit, en l'an 50 avant Notre Seigneur Jésus-Christ, sur le modèle de *Bolonia* (Bologne), sa ville natale, dont il lui donna le nom, nom qui, par corruption, est devenu Boulogne. Un pont réunit cette ville nouvelle à l'ancienne ville de *Gessoriacum*, située dans une île qui fut absorbée par elle. Boulogne devint le principal passage pour aller de Gaule en Grande-Bretagne. Constantin Claude s'en empara en 291; Caligula y fit bâtir un phare qui fut réparé par Charlemagne, qui l'alluma de sa propre main en 811. C'est sur ses débris que fut élévée, en 1803, la tente de Napoléon. Claude, Adrien, Constantin s'arrêtèrent à Boulogne. Cette ville forma avec son territoire une division de la seconde Belgique.

En 449, Attila, après avoir semé la ruine dans toute la Belgique, échoua devant la résistance de Boulogne; mais Clovis s'en empara, et elle fit dès lors partie de la monarchie franque. Le Boulonais et le Ponthieu alors réunis formaient la *France maritime*. Charlemagne la

PHILIPPE-AUGUSTE A LA BATAILLE DE BOUVINES

fortifia avec soin contre les attaques des Normands; cependant, un peu plus tard, en 848, ceux-ci la prirent et la saccagèrent.

Mais Boulogne, favorisée par une situation exceptionnelle au point de vue du commerce, répara promptement les désastres qu'elle subit à diverses reprises.

Les comtes de Boulogne jouèrent longtemps un rôle important dans les affaires de l'Europe. Eustache II, aux *grenons* (aux grandes moustaches), accompagna Guillaume de Normandie et se distingua à la bataille d'Hastings (1066), où il fut blessé. Il reçut de Guillaume, en récompense de ses services, des richesses et des domaines dans le nouveau royaume du Conquérant.

Eustache III prit part à la première croisade avec son frère Godefroi de Bouillon. Etienne de Blois, son successeur, monta sur le trône d'Angleterre en 1160.

Matthieu d'Alsace, comte de Boulogne, attaqua l'Angleterre.

Les comtes de Boulogne furent pour les rois de France de dangereux vassaux ; ils prirent systématiquement part à la résistance qu'opposait la féodalité à l'accroissement du pouvoir royal.

Renaud de Dammartin tint tête à Philippe-Auguste à la bataille de Bouvines. Il était d'une taille gigantesque ; il fallait le voir agitant dans la mêlée son casque, surmonté de deux cornes faites de côtes de baleine, à la façon des anciens barbares Germains. Il renversa Philippe-Auguste de sa propre main. Cependant il finit par être fait prisonnier.

Philippe Hurepel fut un des chefs de la coalition féodale, que Blanche de Castille eut à combattre pendant la minorité de son fils, Louis IX. Il fit construire autour de Boulogne de nouvelles fortifications, sur lesquelles on lisait encore au siècle dernier : *Philippe, comte de Boulogne, fit faire ce castel comme est l'an de l'Incarnation* 1231.

Après lui, le comté de Boulogne appartint quelque temps au roi de Portugal; puis il passa, par suite d'alliance, à la maison d'Auvergne.

En 1430, il devint la possession de la maison de Bourgogne, et, en 1477, il passa aux mains de Louis XI qui, pour se soustraire à l'hommage que, comme duc de Boulogne, il eût dû au duc de Bourgogne, fit don de ce fief à la Vierge, et se reconnut son vassal pour le relief d'un cœur d'or du poids de treize marcs. Les successeurs de ce roi, jusqu'à Louis XV inclusivement, remplirent l'engagement qu'il

LOUIS-NAPOLÉON BONAPARTE

avait contracté, seulement ils remplacèrent le cœur par sa valeur en argent monnayé.

Les Boulonais se sont souvent distingués par leur patriotisme. Dès le moyen âge, ils se donnèrent des institutions libérales. Boulogne avait un mayeur, douze échevins et vingt et un élus, nommés dans les assemblées primaires de la bourgeoisie. Les attaques que les Boulonais eurent à subir de la part des Anglais, durant la guerre de cent ans, développèrent chez eux le sentiment patriotique. La milice urbaine, conduite par son mayeur Eurvin, opposa une résistance indomptable à Henri VIII, en 1544. « La ville ne se rendit que quand elle fut ouverte comme un village, » dit Montluc. Une colonie anglaise remplaça les habitants, mais les nouveaux venus furent décimés par le climat. Boulogne fut rendue à la France en 1550, moyennant 400,000 écus d'or.

Les Boulonais furent vraiment admirables, sous Richelieu et Mazarin, dans les guerres contre la maison d'Autriche.

En 1778, les marins boulonais arrêtèrent l'amiral Byng dans ses entreprises. De l'an IV à l'an IX, ils coururent le vaisseau marchand et l'arrachèrent du sein des escadres anglaises; ils firent 2,000 prisonniers et pour 13,000,000 de francs de prises.

Dès le traité de Campo-Formio, le Directoire avait conçu le projet d'une descente en Angleterre et en avait chargé Bonaparte. Après le traité de Lunéville, en 1801, le premier consul reprit ce dessein. Mille chaloupes canonnières s'assemblèrent à Boulogne. Mais ce ne fut qu'en 1804 que le projet sembla devoir s'exécuter. Napoléon convoqua toutes les forces militaires de la France sous le nom de Grande Armée; son plan était magnifique, il embrassait la terre et les mers.

Napoléon agrandit le port de Boulogne jusqu'à ce qu'il pût contenir 2,000 vaisseaux, et construisit un nouveau bassin, qui en contint 900, sous les ordres de l'amiral Bruix. L'armée de terre, commandée par le maréchal Soult, campa sur le rivage, au penchant des collines qui descendent jusqu'aux falaises et regardent l'Angleterre.

Mais l'entreprise manqua par la faute de l'amiral Villeneuve. Ce fut une immense déception pour l'empereur et pour la France.

Le 6 août 1840, Louis-Napoléon Bonaparte, fils de Louis de Hollande et neveu de Napoléon Ier, débarqua à Boulogne entre quatre et

CHAPITRE IX

cinq heures du matin; il était accompagné seulement de quelques hommes dévoués. Il tenta de soulever un bataillon du 42e; mais il échoua dans son entreprise. Comme il se rembarquait, une balle atteignit un de ses compagnons, la chaloupe chavira. Louis-Napoléon fut arrêté, traduit devant la Chambre des pairs, condamné à la prison perpétuelle et enfermé à Ham, d'où il s'échappa en 1846 à la faveur d'un déguisement, en endossant les habits d'un soldat, nommé Badinguet.

CHATEAU DE HAM

CHAPITRE X

ENVIRONS DE BOULOGNE

Promenade à Wimereux et à Wimille. — Départ de Boulogne.

Le lendemain, le soleil se leva splendide ; nous en profitâmes pour reprendre notre projet de promenade. M. de Maresmes s'enquit aussitôt d'une voiture. Le charmant petit âne que nous devions avoir la veille, était déjà parti pour Marquise, où il conduisait une famille anglaise. Nous dûmes nous arranger d'un excellent cheval, digne de la réputation dont jouissent ses compatriotes. Il fut attelé à une calèche assez douce, dans laquelle nous prîmes place tous quatre, nos hôtes, Charles et moi.

Nous avions décidé d'aller déjeuner à Wimereux. Ce petit port, situé à neuf kilomètres de Boulogne, peut recevoir des bâtiments de toute grandeur ; il n'a d'ailleurs rien de bien remarquable, mais nos hôtes voulaient nous faire voir la campagne de Boulogne. Nous nous arrêtâmes dans une auberge connue de M. de Maresmes. Une délicieuse langouste fit en grande partie les frais du déjeuner, qui nous fut servi par une grosse et fraîche campagnarde, dont le langage, miflamand, mi-picard, était presqu'inintelligible pour nous. Les deux patois, auxquels cette fille empruntait tour à tour ses bizarres expressions, sont encore en lutte dans le Nord de la France, quoique aujourd'hui le picard ait visiblement l'avantage. Cette lutte désespérée doit être considérée comme celle de deux grandes langues : la langue française et la langue allemande.

Après le déjeuner, nous allâmes visiter les baraquements du camp de manœuvre, puis nous reprîmes le chemin de Boulogne en passant par Wimille, petite ville située sur le Wimereux, dont la principale industrie est l'élève des chevaux. Nous étions de retour pour dîner.

Le soir, profitant d'un magnifique clair de lune, nous allâmes passer une heure sur la jetée. Nous nous assîmes sur un banc et, les yeux fixés sur la mer, dont les flots argentés étincelaient dans la nuit, nous tombâmes bientôt dans une douce mais mélancolique et grave rêverie, que favorisait le bruit monotone de la vague échouant sur le sable. La mer était pleine et un peu forte. Nous restâmes ainsi longtemps sans échanger une parole, chacun de nous était trop absorbé dans ses pensées pour songer à communiquer aux autres des impressions peut-être communes. Quant à moi, j'étais triste, je l'avoue, car cette heure charmante ne devait pas avoir de lendemain. C'était la dernière soirée que je passais à Boulogne, et ce n'était pas sans un véritable serrement de cœur que j'allais quitter une ville qui, quelques jours auparavant, m'était complètement inconnue, mais où j'avais trouvé un si cordial accueil, que mes hôtes passagers étaient devenus pour moi de véritables et chers amis.

M. de Maresmes rompit le premier le silence.

— Monsieur de Lussac, me dit-il tout à coup, j'espère que vous n'emporterez pas un trop mauvais souvenir de notre ville.

— Je comprends votre amour pour votre pays natal, lui répondis-je. Boulogne est une charmante ville ; mais fût-elle tout autre, je ne serais pas moins heureux d'y être venu.

— Pourquoi ? fit Mme de Maresmes.

— Vous me le demandez, Madame ?

— Eh bien, oui, pourquoi ? répéta son mari en riant ; peut-être parce que vous avez eu le bonheur d'y faire notre connaissance.

— Justement, mon cher Monsieur de Maresmes, et j'emporterai d'ici, avec le meilleur souvenir de l'accueil que vous m'y avez fait, un véritable regret de voir aussi vite rompues des relations si agréables quoique si vite formées.

— Que dites-vous, Monsieur de Lussac ? J'espère bien que nos relations ne se borneront pas à une connaissance de quelques jours, et que les circonstances qui nous ont rapprochés auront été le point de départ d'une durable amitié. Qu'en pensez-vous, Monsieur de Lussac ?

— Je pense qu'en quittant votre maison, où j'ai reçu une si charmante hospitalité, je serai certainement moins triste, si je peux espérer qu'on parlera quelquefois du visiteur étranger et qu'on lui donnera ce titre d'ami que je n'osais demander, mais que j'ai entendu avec joie sortir de votre bouche.

— Mais, dit en souriant Mme de Maresmes, si nous voulons bien vous octroyer le titre d'ami, nous revendiquerons les droits de l'amitié. J'espère que vous nous donnerez de vos nouvelles et que vous viendrez nous voir à Paris.

— Vous êtes trop bonne, Madame, je profiterai certainement de votre aimable invitation.

— Nous y comptons, dit M. de Maresmes.

Nous rentrâmes vers dix heures, nous causâmes jusqu'à minuit, après quoi nous nous séparâmes assez tristement.

Nous ne devions revoir nos hôtes le lendemain matin que pour leur faire nos adieux.

CHAPITRE X

Il était encore de bonne heure, en effet, quand nous quittâmes l'hospitalière demeure où nous avions passé si agréablement les derniers jours.

Nous allions continuer notre voyage, voir de nouveaux pays, aussi beaux, plus pittoresques, sans doute, que ceux de l'Artois et du Pas-de-Calais; nous comptions visiter sur notre route de curieux monuments, des plaisirs nouveaux nous seraient peut-être offerts, mais retrouverions-nous jamais sur notre route des hôtes comparables à M. et à Mme de Maresmes?

CÔTES D'ANGLETERRE

CHAPITRE XI

DE BOULOGNE A SAINT-VALERY

Etaples. — Berck. — Arrivée à Saint-Valery-sur-Somme.
La baie de la Somme. — Le viaduc.

Cette fois, nous ne devions pas voyager à pied. N'ayant rien de curieux à visiter de Boulogne à Etaples, nous prîmes le chemin de fer jusqu'à cette ville.

Etaples est une ville de trois mille âmes environ, bâtie sur la Canche et sur une baie. Nous descendîmes dans un hôtel situé sur la place d'Armes ; nous nous y installâmes, et après avoir commandé notre déjeuner, nous demandâmes ce qu'il y avait de curieux à voir dans la ville. On nous indiqua le château, démantelé en 1595, et l'église ; celle-ci, qui est du style ogival de transition, est remarquablement basse ; en somme, l'un et l'autre de ces monuments n'offrent qu'un médiocre intérêt. Etaples rappelle un souvenir historique. C'est dans cette ville que Charles VIII, avant de partir pour l'Italie, signa, avec Henri VII d'Angleterre, un traité aux termes duquel il s'engageait à payer l'arriéré de la pension consentie par Louis XI (1492).

La baie de la Canche était autrefois une station des Romains.

CHAPITRE XI

Soixante maisons et une villa romaine ont été trouvées à Rombly ; on y a découvert également des vases et des bracelets, ainsi que des ossements. C'est vers ce village que nous dirigeâmes notre promenade de l'après-midi.

Aujourd'hui, le port d'Etaples est entièrement ensablé, et la ville offre peu d'attrait ; aussi, dès le lendemain, nous nous remîmes en route, à pied cette fois, nous dirigeant vers Berck, en passant par Verton.

Nous arrivâmes à Berck vers trois heures. J'avais beaucoup entendu parler de cette station balnéaire, et ce que j'en avais entendu dire me donnait grande envie de la connaître. En arrivant sur la plage, je fus tout d'abord saisi d'admiration ; nulle part, la mer n'offre un aspect plus imposant et plus grandiose ; la vue, en effet, porte si loin, que l'horizon est sans limite.

— Que c'est beau ! m'écriai-je.

Charles me regarda et ne répondit pas. Je ne sais s'il partageait mon enthousiasme, je ne le crois pas. Mon ami ne voit pas les choses sous le même jour que moi. Son premier soin, quand il arrive dans une station de bains, est de s'informer des personnes qui habitent le pays, de savoir à qui appartient chaque villa qu'il rencontre. Pour moi, peu m'importe tout cela ? la mer, la mer seule, captive mes regards et mon imagination.

Nous étions arrivés justement pour l'heure du bain. Pendant que Charles suivait les évolutions des nageurs, mon esprit traversait les mers, et bientôt mes rêves me transportaient plus loin encore dans les champs de l'infini. Tout à coup :

— Regarde donc les enfants de l'hospice, s'écria Charles.

Les jeunes pensionnaires de l'Assistance publique descendaient, en effet, sur la plage ; ils étaient peut-être soixante ou quatre-vingts enfants, pâles, malingres, portant sur leurs traits la trace de ces tristes maladies engendrées par les vices originels, ou déplorables résultats des privations de la misère.

L'exclamation de Charles avait fait envoler mes rêves, j'étais en face de la réalité.

Ainsi, près de ces riches villas habitées par les heureux du monde, vivent de pauvres enfants souffreteux et malades ; sur cette même plage où les premiers viennent chercher la distraction et le plaisir, les autres, entretenus par la charité publique, espèrent retrouver les forces nécessaires pour prolonger une existence misérable. Auprès de la joie, la souffrance, tel est le spectacle constant qui frappe nos regards ici-bas et nous prouve à chaque instant la nécessité d'une autre vie.

L'idée de faire bénéficier des enfants pauvres et malades des avantages inappréciables d'un séjour plus ou moins prolongé sur le bord de la mer, avantages qui étaient jusqu'alors le partage exclusif des riches, ou du moins des personnes aisées, est une belle et philanthropique idée. L'hôpital des enfants rachitiques ou scrofuleux de la ville de Paris a été inauguré à Berck en 1861 ; chaque année, depuis lors, on a pu constater grand nombre de guérisons opérées dans cet établissement. On doit cet heureux résultat au traitement hygiénique suivi par les jeunes malades, qui passent, on peut dire, la vie sur la plage, prennent de nombreux bains de mer et reçoivent une nourriture des plus fortifiantes. Mais on s'étonne, quelles que soient la beauté de cette plage et l'excellente position climatérique de Berck, abritée des vents de l'est et du nord, que les propriétaires de tant de magnifiques habitations, qu'on admire sur le bord de la mer, aient choisi pour s'y établir un endroit où leurs yeux devaient être constamment frappés et leur sensibilité éveillée par la vue de ces pauvres enfants. Pour moi, j'avoue qu'en les apercevant je sentis mon cœur oppressé, et que je me dis à moi-même :

HÔPITAL DE BERCK

— Si jamais je puis faire une saison sur le bord de la mer, ce n'est pas à Berck que j'irai..

Nous ne passâmes qu'une journée à Berck. Le lendemain matin, nous prenions à Verton le chemin de fer qui devait nous conduire à Noyelles, où se trouve l'embranchement de Saint-Valery.

Nous serions volontiers allés à pied de Berck à Saint-Valery, mais nous voulions arriver dans cette dernière ville par le magnifique viaduc qui traverse la baie de la Somme. C'est un gigantesque travail, que ce pont viaduc estacade. Il est en bois, à claire-voie, long de treize cent soixante-sept mètres, et élevé de cinquante mètres au-dessus du fond de la baie. Nous le traversâmes à marée haute ; la mer était forte et les vagues venaient frapper le tablier du pont. C'était un curieux spectacle. J'avoue pourtant que, par un trop mauvais temps, j'hésiterais à m'aventurer sur ce viaduc ; malgré moi, je craindrais qu'aux prises avec la mer furieuse, l'ouvrage des hommes, si solide qu'il soit, ne pût lutter contre le terrible élément.

Quand nous eûmes franchi le viaduc, le train ne tarda pas à s'arrêter. Nous étions à Saint-Valery, ou plutôt à peu de distance de cette ville. Pour nous y rendre, nous traversâmes le canal d'Abbeville sur un double pont-levis. Ce canal, flanqué de digues, est bordé par deux magnifiques allées de peupliers. Il fut, me dit-on, commencé en 1786, puis abandonné en 1789. Repris en 1825, il fut cette fois terminé rapidement. Nous suivîmes les allées, et en quelques minutes nous arrivâmes au port, d'où nous nous dirigeâmes immédiatement vers l'hôtel qui nous avait été recommandé. Nous devions passer une huitaine de jours à Saint-Valery. Des amis de M. de Maresmes nous avaient donné rendez-vous dans cette ville, où ils devaient arriver deux jours plus tard pour passer toute la saison des bains. Comme ils y allaient depuis plusieurs années, ils nous avaient promis de nous piloter dans les environs.

CHAPITRE XII

SAINT-VALERY

Le port. — La digue. — Le retour des pêcheurs.
L'Amaranthe.

Nous sortîmes dans l'après-midi, afin d'aller, avant tout, rendre visite au port que nous n'avions qu'aperçu et dont nous étions très voisins.

Située sur la rive gauche de la Somme et à son embouchure, la ville de Saint-Valery était autrefois la capitale d'un petit canton appelé le Vimeux ; son port était très fréquenté et très important. C'est, dit-on, à Saint-Valery que Guillaume le Conquérant réunit les embarcations, à la tête desquelles il devait conquérir l'Angleterre.

Guillaume, parti de Dives en 1064, fut jeté par une tempête dans la baie de la Somme, et dut attendre à Saint-Valery, avec les trois mille bâtiments qui composaient sa flotte, un temps plus favorable à ses projets.

« A Saint-Valeri lungement séjournèrent por avoir vent, » dit Robert Vace dans le roman de *Rou*. La tradition rapporte que Guillaume y resta quinze jours, et que pendant ce temps il montait chaque jour à la chapelle de l'abbaye de Saint-Valery, alors fort célèbre, afin d'y prier pour le succès de son expédition. Enfin, on fit une grande procession, l'abbé et les moines se joignirent à Guillaume et à son armée pour supplier Dieu de rendre les vents favorables aux projets du duc de Normandie. Ils furent exaucés; le vent ne

FLOTTE DE GUILLAUME LE CONQUÉRANT

tarda pas à changer, et Guillaume s'embarqua, le 29 septembre 1066, sur la *Mora*, bâtiment dont lui avait fait don sa femme Mathilde.

Le port de Saint-Valery a, hélas! bien perdu de son importance depuis l'époque du Conquérant. Il est question de l'agrandir et d'y construire un bassin à flot, mais cela se fera-t-il jamais? Toutefois il est bien abrité et bordé d'un quai commode; relié au chemin de fer par une voie ferrée, il peut contenir des navires de trois à quatre cents tonneaux.

Nous avions entendu dire qu'une inscription commémorative du départ de Guillaume le Conquérant avait été placée, par les soins de la Société française d'archéologie, à l'endroit où s'effectua ce départ. Un homme de soixante à soixante-cinq ans environ, à la figure franche et honnête, fumait sa pipe sur le quai, à la porte d'une espèce de taverne à laquelle on arrive en descendant plusieurs marches, et où des matelots, en train de dîner sans doute, causaient bruyamment; cet homme était le propriétaire de l'établissement. Charles s'adressa à lui pour savoir où était la plaque en question.

— Vous en êtes tout près, Monsieur, lui répondit le vieillard; voyez-vous ce grand bâtiment inhabité? C'était autrefois un grenier à sel; approchez-vous, et vous verrez, sur son mur, l'inscription que vous cherchez. Venez, je vais vous la montrer.

Nous suivîmes ce brave homme; il s'arrêta à quelques pas seulement de chez lui, devant une construction à contreforts, et nous indiqua une plaque en marbre noir portant la date : « 29 septembre 1066. »

— Vous êtes de Saint-Valery? demandai-je au complaisant vieillard.

— Non, Monsieur, me répondit-il; mais je l'habite depuis plus de quarante ans. J'étais douanier. Quand on m'a mis à la retraite, je me suis établi à Saint-Valery; je vends du cidre et donne à manger aux marins, et je les traite assez bien pour qu'ils n'aient pas envie de faire infidélité au père Blanchard.

— Alors vous êtes content des affaires? lui demanda Charles.

— Ah! comme cela. Le métier était meilleur autrefois; quand il entrait plus de navires dans le port, le commerce allait mieux.

— Ce port est-il donc abandonné?

— Dame! depuis que les chemins de fer amènent en si peu de

temps dans le nord de la France les marchandises du midi, nous ne voyons presque plus de bâtiments venant de la Méditerranée.

— Vous en voyiez beaucoup autrefois ?

— Oui, Monsieur ; mais aujourd'hui à peine en entre-t-il trois ou quatre par an.

— A quelles nations appartiennent les navires qui abordent à Saint-Valery ?

— A la Norwège et à la Suède, qui nous envoient leurs bois, et puis à l'Angleterre, qui nous expédie ses charbons. Nous voyons aussi quelques navires prussiens ; il en est arrivé un ce matin même.

— Mais les navires de Saint-Valery, lui demandai-je, ne font-ils pas d'exportation ?

— Si, Monsieur, ils portent à l'étranger les délicieux légumes du pays. Depuis quelques années, Saint-Valery expédie en outre, par mer et par le canal de la Somme, une grande quantité de galets pris à la pointe du Hourdel, et destinés aux fabriques de faïence d'Angleterre, de Belgique, de Hollande, d'Allemagne et de l'intérieur de la France.

Nous remerciâmes l'ancien douanier des renseignements qu'il nous avait donnés et rentrâmes à l'hôtel.

Le lendemain avant sept heures du matin, nous étions sur la digue.

La digue de Saint-Valery a été faite, il y a peu d'années, pour retenir les eaux de la mer lors des fortes marées et chasser les sables du rivage.

La promenade de la digue est la promenade préférée des baigneurs et aussi des habitants de Saint-Valery ; mais à cette heure matinale, elle était encore déserte. Cependant la mer devait atteindre son plein vers neuf heures ; bientôt nous la vîmes arriver dans la baie, envahir les criques et pénétrer partout où elle pouvait se frayer un passage. Puis nous aperçûmes à l'horizon quelques points noirs presque imperceptibles ; un peu après, nous distinguâmes les voiles, et enfin une multitude de petites barques toutes pareilles qui semblaient lutter de vitesse ; c'était la flottille des pêcheurs de crevettes de Saint-Valery qui rentrait au port. Les barques vinrent atterrir le long de la digue, où elles se rangèrent les unes à côté des autres. Des femmes, des enfants accoururent pour aider les pêcheurs à débarquer le poisson. La pêche avait été bonne, car, quand ils soulevèrent les filets, leurs figures s'épanouirent, et ils poussèrent de joyeuses exclamations.

Ce retour des pêcheurs est un curieux et charmant spectacle.

Je tirai de ma poche l'album qui ne me quitte jamais, et traçai à grands traits une légère esquisse de cette gracieuse et pittoresque scène. Je pense la reproduire quelque jour ; ce sera, je crois, un agréable sujet de tableau.

Comme j'achevais mon croquis, un petit bateau à vapeur très coquet sortait du port.

— Le joli bateau ! dis-je à Charles.

— C'est l'*Amaranthe*, reprit un marin qui, se trouvant alors à quelques pas de nous, avait entendu mon exclamation.

— Qu'est-ce que l'*Amaranthe* ?

— Le remorqueur de Saint-Valery. La navigation du port à la mer est assez difficile, et les bateaux qui veulent entrer seuls ont souvent à s'en repentir. Sans doute, en ce moment, quelque navire attend en face de Cayeux que l'*Amaranthe* aille le remorquer ; si vous restez ici un peu de temps, vous verrez bientôt revenir notre gentil vapeur, ramenant un navire anglais, suédois ou norwégien.

Nous nous assîmes sur un des bancs de la place des Pilotes, et nous attendîmes. Une demi-heure plus tard, nous vîmes en effet rentrer l'*Amaranthe*, suivie de deux beaux navires aux voiles déployées. Au grand mât du premier, flottait le drapeau anglais, l'autre déployait le pavillon norwégien ; l'un amenait un chargement de charbon, l'autre apportait des bois de sapin. C'étaient deux beaux navires d'assez grande dimension ; nous les admirâmes au passage, et les vîmes bientôt entrer dans le port et aller se ranger le long du quai où s'effectue le débarquement des marchandises.

Nous nous dirigeâmes ensuite vers les bains de la Ferté.

CHAPITRE XIII

SAINT-VALERY (*suite*)

Les sables. — La ville haute. — La tour Harold. — La porte Guillaume.
L'église Saint-Martin. — La porte de Nevers.

Saint-Valery se compose de deux parties distinctes, on pourrait dire de deux villes : la ville basse et la ville haute.

La Ferté ou la basse ville, celle où se trouve l'hôtel que nous habitions, est la ville active et commerçante ; c'est là qu'est le port, là aussi sont le tribunal de commerce et l'entrepôt des douanes ; là habitent les vice-consuls d'Angleterre, de Suède, de Norwège, des Etats-Unis, d'Espagne, de Portugal, de Belgique, de Prusse et de Hollande. Chacune des deux villes a son établissement de bains. On se rend ordinairement à ceux de la Ferté, placés de l'autre côté de la Somme, en traversant la rivière sur un bateau toujours à la disposition des baigneurs, moyennant la faible rétribution de cinq centimes ; de cette façon, on évite la course fort longue qu'on aurait à faire si l'on voulait tourner le port. C'est le moyen dont nous usâmes. Le temps était magnifique ce jour-là, et l'affluence des baigneurs, fort grande. Nous nous assîmes sur la terrasse du Casino pour jouir d'un spectacle toujours pittoresque, celui des nageurs plus ou moins habiles, faisant assauts d'adresse, et des baigneurs timides, craignant toujours de s'avancer trop loin, et poussant de petits cris de détresse aussitôt que l'eau leur monte un peu plus haut que les genoux.

Nous aurions volontiers goûté si l'eau était froide comme le prétendaient les uns, ou vraiment délicieuse comme d'autres l'affirmaient; mais nous avions déjeuné avant de sortir, nous n'y pouvions songer.

Le dernier baigneur avait depuis longtemps quitté sa cabine que nous étions encore assis à la même place, Charles et moi. Nous suivions les mouvements de la mer qui commençait à se retirer, laissant après elle un joli sable humide, coupé de flaques d'eau dans lesquelles se reflétaient les rayons du soleil. Quand elle fut à une certaine distance, nous vîmes arriver quantité de marins au costume caractéristique : blouse bleue, bonnet et ceinture rouges, pantalon relevé au-dessus du genou, jambes et pieds nus ; ils portaient sur l'épaule de grands filets, et à la main un bâton, terminé en crochet. Tous se dirigèrent du même côté, un peu à droite du Crotoy. Après eux vinrent les pêcheurs amateurs ; des Parisiens en villégiature, la tête couverte d'immenses chapeaux de paille destinés à protéger leur visage contre les rayons du soleil; des femmes en costume court, armées du filet et du panier traditionnels; de gentils bébés, garçons et fillettes, uniformément costumés en matelots, et portant fièrement sur l'épaule le petit panier destiné à rapporter les coquillages et les crevettes.

Bientôt, sur l'immense plaine de sable qui, à marée basse, sépare Saint-Valery du Crotoy, pêcheurs et promeneurs se répandirent de toutes parts ; nous pûmes voir les enfants aller, venir, courir sur le sable mouillé, sans s'inquiéter s'ils enfonçaient dans l'eau jusqu'aux genoux. Leurs mères, d'ailleurs, leur donnaient l'exemple de la témérité; c'était plaisir de les regarder, jambes et souvent pieds nus, sauter les larges flaques d'eau alimentées par les courants ou enfoncer jusqu'à mi-corps dans les sables mouvants.

Les hommes graves eux-mêmes oubliaient toute préoccupation pour partager les plaisirs de leur famille, et mêlaient de francs éclats de rire aux rires joyeux de leurs compagnons.

L'heure du déjeuner seule nous arracha à ce spectacle tout nouveau pour nous et qui nous amusait fort. Nous rentrâmes enchantés de notre promenade.

Nous ne connaissions encore de Saint-Valery que le port, la place des Pilotes et les deux Casinos, celui des bains de la Ferté et celui de la digue, établissements sans prétention qui nous avaient paru fort mesquins auprès de ceux de Dunkerque, de Calais et de Boulogne. Nous employâmes une partie de l'après-midi à visiter la ville haute.

Nous suivîmes la digue, et arrivâmes bientôt au pied de la falaise que domine l'église Saint-Martin. Cette église s'élève sur une terrasse soutenue, du côté de la baie, par des remparts qui étaient encore baignés par la mer il y a quelques années. Près de l'église, on voit une tour ronde appelée la tour Gonzague, du haut de laquelle — nous nous en rendîmes compte au retour de notre promenade — on jouit d'un des plus beaux panoramas de la ville : en face de soi, la baie de la Somme, le Crotoy et les dunes de Saint-Quentin ; à gauche, la mer ; à droite, le viaduc du chemin de fer de Noyelles. Enfin nous nous trouvâmes au pied d'une falaise boisée, et sur les premiers escarpements de cette falaise, nous aperçûmes un petit pavillon couvert de chaume. Ce pavillon a été construit sur les ruines de la tour Harold, laquelle n'est plus aujourd'hui qu'un gros bloc de maçonnerie qui s'effondre chaque jour et qui finira bientôt par disparaître. Nous en étant approchés, nous vîmes qu'il est formé de gros galets, et y découvrîmes les traces d'un revêtement en grès.

La tour Harold doit son nom à Harold, comte de Kent, compétiteur de Guillaume le Conquérant, qui, jeté par un naufrage sur la côte de Saint-Valery, fut enfermé dans cette tour par Guy, comte de Ponthieu, et ne fut rendu à la liberté que sur la demande de Guillaume, auquel il apportait un message d'Edouard le Confesseur.

Au pied de la tour Harold, à l'extrémité de la digue, se trouvent les bains de la ville. Près de ces bains est un feu fixe rouge de trois milles de portée.

On nous avait dit que, par la falaise boisée, au pied de laquelle nous nous trouvions, nous pouvions monter à la ville haute. Nous prîmes, à gauche de la tour Harold, un joli chemin tournant qui, en quelques minutes, nous conduisit aux anciens remparts.

Nous savions que deux des portes de l'ancienne ville subsistaient encore ; nous nous informâmes du chemin que nous avions à prendre pour nous rendre à la porte Guillaume, la plus ancienne et la plus éloignée de la ville. Nous en étions à deux pas.

La porte Guillaume, ou porte d'Eu, date du xiie siècle ; elle se compose d'une arcade ogivale, placée entre deux tours rondes, dont le revêtement, en fort mauvais état, laisse voir la maçonnerie intérieure composée de gros galets. Les tours ont conservé leurs mâchicoulis ; au-dessous de la porte sont des souterrains du xie siècle.

C'est près de là que s'élevait le château fort ; mais on ne trouve que peu de vestiges de l'ancienne forteresse ; l'enceinte est indiquée par de profonds fossés au-dessus desquels se dressent de hautes murailles anciennes, du moins en partie.

Après avoir examiné avec toute l'attention qu'elle mérite la porte Guillaume, nous revînmes sur nos pas en suivant la route qui domine la falaise, et nous nous dirigeâmes vers la haute ville. Nous nous trouvâmes bientôt sur la place de l'église.

L'église Saint-Martin, qui a été en grande partie reconstruite au xive ou au xve siècle, est bâtie en grès et en silex ; son architecture n'a rien de très remarquable. L'intérieur se compose de deux nefs égales séparées par des arcades du XIIIe et du XIVe siècle. Deux piliers en bois sculpté soutiennent la tribune de l'orgue.

Presqu'au sortir de l'église, nous nous trouvâmes devant la porte de Nevers, ou porte d'Abbeville. Cette porte, souvent aussi appelée porte *Fides*, doit ce surnom au mot latin *Fides*, gravé sur un écusson au-dessus de la voûte. *Fides* était la devise des ducs de Nevers. Cette porte se compose d'une baie ogivale au milieu d'un massif carré. Sous la voûte, formée par son épaisseur, se trouvent deux portes, dont une donne accès au presbytère et l'autre à la prison.

En sortant de la ville haute, par la porte de Nevers, pour se rendre à la Ferté, on voit les restes d'une vieille tour, autour de laquelle grimpent du lierre et de la giroflée sauvage, et dont l'aspect est assez pittoresque.

Non loin de cette tour, en entrant à la Ferté, se trouve à droite une belle allée d'arbres qui conduit à la jetée, pendant qu'à gauche une large rue mène à l'hôpital-hospice, belle construction à peine achevée, dont la direction appartient aux Sœurs Augustines.

Si, après avoir donné un coup d'œil à ce monument, on revient sur ses pas par la rue de l'Hôpital, on peut prendre le quai du Romerel, et rentrer à la Ferté en longeant les jolies maisons de campagne qui le bordent. C'est ce que nous fîmes.

Nous avions maintenant une idée générale de la ville ; il nous restait bien des choses à voir, mais nous avions du temps devant nous.

Nous rentrâmes, enchantés de la petite ville de Saint-Valery ; elle nous avait paru très pittoresque, et faite pour plaire aux personnes qui ne viennent pas chercher, sur les bords de l'Océan, le luxe et les fêtes, mais seulement le repos et les distractions de la mer.

Un de nos compagnons de table d'hôte, auquel nous faisions part de nos impressions, nous dit :

CHAPITRE XIII

— Si vous aimez déjà Saint-Valery, vous en apprécierez bien davantage le séjour quand vous connaîtrez ses charmants environs. J'ai l'intention de monter demain matin à la chapelle des Marins ; si vous voulez venir avec moi, je ne doute pas que vous ne soyez satisfaits de votre promenade.

Comme on pense, nous acceptâmes avec plaisir l'offre de notre obligeant commensal.

RAIE

CHAPITRE XIV

SAINT-VALERY (*suite*)

L'Abbaye. — Histoire de Saint-Valery. — La chapelle des Marins.
La mer phosphorescente.

Le lendemain donc, nous partîmes de bonne heure. Nous nous rendîmes à la ville haute ; nous suivîmes la falaise jusqu'à la porte Guillaume, et fûmes bientôt au hameau de l'Abbaye. Ce long hameau se compose principalement d'une rue qui le traverse d'un bout à l'autre. Notre compagnon de route, qui connaît parfaitement le pays et l'histoire de Saint-Valery, nous fit arrêter devant une maison de campagne, construite dans le style du dernier siècle. Ce corps de bâtiment, parfaitement conservé, appartenait à la célèbre abbaye de Saint-Valery. L'enceinte extérieure, très ancienne, subsiste presque entièrement.

— Il y a, nous dit-il, auprès de la maison que vous voyez d'ici, quelques restes de l'église abbatiale, parmi lesquels se trouvent de belles colonnes du XIIIe siècle ; nous ne pouvons malheureusement les visiter, cette maison étant habitée. Près du logement du concierge sont les ruines d'une chapelle et celles du cloître.

CHAPITRE XIV

Notre complaisant cicerone, nous faisant tourner ensuite autour de la maison, nous montra sur la droite une porte ogivale à deux baies qui mérite de fixer l'attention des amateurs. Puis, près de la porte principale de l'abbaye, il nous fit remarquer la maison d'un maréchal-ferrant.

— Cette maison, nous dit-il, fut celle de Fénelon quand il était abbé de Saint-Valery.

Tout en marchant, il nous fit l'historique de la célèbre abbaye, ainsi que de la ville de Saint-Valery-sur-Somme.

La ville actuelle de Saint-Valery fut fondée par un religieux de l'abbaye de Luxeuil, qui, en 613, vint établir, dans un lieu appelé alors Leucone, un ermitage, érigé plus tard en abbaye. Mais son origine est bien plus ancienne; elle remonte à César. Jules César avait fait construire, sur l'emplacement où se trouve aujourd'hui la ville haute de Saint-Valery, une ville dont les murailles étaient en grande partie baignées par la mer. Il s'embarqua dans ce port, qu'il appela *Portus Itius* (*Itius* est une corruption du latin *Itus*, qui signifie un départ). Ce port devint très important sous la domination romaine. Mais plus tard, la Morinie, province qui comprenait la Picardie et l'Artois, et formait alors une grande division de la Gaule-Belgique, fut dévastée par les hordes barbares qui détruisirent les monuments romains.

Cette province avait d'abord suivi la religion druidique, puis adopté le paganisme romain. Le christianisme y fut prêché en 249, et, en 400, on vit s'y établir les ordres monastiques; mais la foi ne triompha réellement dans les Gaules qu'après la victoire remportée, à Soissons, par Clovis sur le général romain Syagrius (486).

La ville de Saint-Valery, fondée en 613, nous l'avons dit, par un saint religieux de Luxeuil, fut ruinée deux fois par les Normands; mais Louis III les vainquit à Saucourt, à treize kilomètres de Saint-Valery, en 881.

J'ai dit comment Guillaume de Normandie s'embarqua à Saint-Valery pour aller faire la conquête de l'Angleterre. Plus tard, les rois d'Angleterre, successeurs de Guillaume, furent pour Saint-Valery d'implacables ennemis.

Charles le Mauvais, allié de l'Angleterre, s'en empara en 1356, après la bataille de Poitiers.

Louis XI fit brûler cette ville en 1475, afin de ne pas la livrer à l'Angleterre.

Au XVIe siècle, elle fut prise, tour à tour, par les ligueurs, par les royalistes et par les Espagnols, et changea constamment de maîtres jusqu'à la fin du XVIIe siècle.

« Elle fut prise, reprise et ravagée tant de fois, dit M. Louandre (1), que l'histoire ne sait pas au juste le nombre de ses malheurs. »

Tout en écoutant notre aimable guide, nous avions quitté le hameau de l'Abbaye; nous suivions un fort joli chemin tracé au haut de la falaise, et qui d'un côté domine la baie et la mer, et de l'autre sert de limite à une prairie étendue. Ce chemin, bordé d'arbres, est délicieux. Il nous conduisit directement à la chapelle des Marins, placée, à son extrémité, au milieu d'un bouquet d'arbres plus que centenaires.

La chapelle de Saint-Valery ou des Marins est une construction sans caractère, son style est un roman bâtard; elle eut, du reste, pour architecte un enfant de Saint-Valery : l'abbé Pichotte, qui n'avait jamais appris à dessiner. Elle a été construite sur l'emplacement d'une ancienne chapelle dédiée à saint Valery, dont elle renferme le tombeau.

Les marins ont la plus grande confiance dans leur saint patron, ils font à la chapelle de fréquents pèlerinages, et les *ex-voto* qui ornent ses murs ou sont suspendus à sa voûte, témoignent de la reconnais-

---

(1) *Histoire d'Abbeville et du comté de Ponthieu.*

sance des marins échappés au naufrage par suite de la puissante intercession du saint.

Il n'y avait dans la chapelle, au moment où nous y entrâmes, qu'une seule personne, un vieillard, portant le costume ordinaire des pêcheurs de la côte; agenouillé sur la dalle en face du tombeau de saint Valery, il semblait prier avec une ferveur peu commune. Nous fîmes une petite prière, puis nous visitâmes la chapelle dans tous ses détails; nous examinâmes avec attention les vieux tableaux et les verrières qui retracent différents traits de la vie du saint. Nous allions sortir quand le vieillard se releva.

— C'est vous, père Lovelat, lui dit M. Leblanc; vous êtes par ici de bien bonne heure.

— Ah ! Monsieur, répondit-il, c'est aujourd'hui le 15 septembre.

— Eh bien ?

— C'est le 15 septembre que j'ai manqué périr, et que saint Valery m'a sauvé ; tous les ans, à la même époque, je viens le remercier de ce qu'il a fait ce jour-là pour moi.

— Combien y a-t-il de temps de cela ?

— Vingt-cinq ans, Monsieur.

Je regardai le vieillard avec respect et admiration.

En sortant de la chapelle, M. Leblanc nous conduisit, à quelques pas de là, près d'un petit ruisseau, ou plutôt près d'une sorte de fossé dans lequel l'eau doit couler, mais qui, vu la grande sécheresse qu'il faisait depuis six semaines, était alors presque à sec.

— C'est, nous dit-il, la fontaine de la Fidélité, qui était déjà connue au VIIe siècle. Elle porte aujourd'hui le nom de fontaine Saint-Valery.

— Sa première appellation, remarquai-je, fait supposer que quelque légende se rattache à cette fontaine.

— Sans doute.

— La connaissez-vous ?

— Malheureusement, non; toutes mes recherches à ce sujet ont été inutiles.

Notre guide nous proposa ensuite de pousser notre promenade jusqu'à l'extrémité de la colline, dont la pointe nord forme ce qu'on appelle le cap Hornu. Nous suivîmes le bord de la mer, et arrivâmes dans les pâturages d'une ferme, laquelle tient à une maison d'habitation. Tout près de la ferme se trouve un magnifique bouquet d'arbres formant comme une immense salle de verdure; des bancs de gazon, placés sous leur ombre, invitent les promeneurs au repos. Cédant à la tentation, nous nous assîmes sur un de ces bancs rustiques, le visage tourné du côté de la mer. Elle commençait à monter, nous pûmes la voir envahir peu à peu la baie de la Somme et se répandre sur les sables à nos pieds.

Pendant que M. Leblanc et Charles causaient, je m'absorbai insensiblement dans une profonde méditation. Je songeais à ces terres lointaines dont l'Océan nous sépare, à ces pays encore vierges que j'aimerais tant à explorer. Pourquoi donc mes aspirations tendent-elles toujours vers l'inconnu? Notre patrie est belle, et certes, jamais aucun pays, si magnifique qu'il soit, ne vaudra la France à mes yeux, pourquoi alors ai-je un si vif désir de visiter les autres contrées? L'œuvre de Dieu est si belle! je voudrais la connaître sous tous ses aspects.

Enfin, quittant à regret le cap Hornu, nous reprîmes le chemin de Saint-Valery.

La journée fut fort chaude; nous passâmes dans nos chambres une grande partie de l'après-midi.

Après le dîner, M. Leblanc nous proposa une promenade sur la digue; nous espérions respirer un peu, nous acceptâmes, et bien nous en prit.

Le ciel s'était couvert à la fin du jour; à cette heure, de gros nuages noirs sillonnaient le ciel du côté du couchant, tandis qu'au-dessus de nos têtes étincelaient des myriades d'étoiles. Comme nous arrivions aux bains de la ville, nous nous aperçûmes que le flot, en montant, apportait des lames frangées de feu. M. Leblanc ramassa un caillou et le jeta dans la mer; aussitôt de beaux jets lumineux jaillirent du sein de l'eau. La mer était phosphorescente comme elle l'est bien rarement. Je ne l'avais jamais vue ainsi, et j'avoue que je fus émerveillé.

Nous restâmes fort tard sur la jetée, et Charles eut grand'peine à m'arracher au spectacle de cette belle nuit.

CHAPITRE XV

SAINT-VALERY (suite)

Excursions au bois des Bruyères et au bois Houdan.

Le surlendemain, les personnes que nous attendions arrivaient à Saint-Valery ; nous n'avions plus que trois ou quatre jours à y rester, elles nous proposèrent pour le lendemain une promenade au bois des Bruyères.

Ce bois est un des buts d'excursions les plus appréciés des baigneurs de Saint-Valery. Situé à quatre kilomètres de la ville, il offre aux promeneurs, chose bien rare si près de la mer, une ombre épaisse procurée par de magnifiques arbres séculaires. La promenade des Bruyères est d'autant plus fréquentée que le chemin qui y conduit est charmant : routes ombrées, accidents de terrain imprévus, points de vue délicieux, tout concourt à le rendre agréable.

Partis de bonne heure afin de jouir de la fraîcheur matinale, nous avions décidé d'aller déjeuner dans une ferme située à l'une des extrémités du bois ; nous avions emporté un pâté, nous trouvâmes

LE CROTOY

à la ferme des œufs frais et du beurre excellent; tout cela, assaisonné d'un appétit aiguisé par la marche et l'air du matin, nous parut délicieux. Notre déjeuner se prolongea jusqu'à deux heures de l'après-midi. En quittant la ferme, nous nous rendîmes dans la partie du bois la plus ombrée, et là, nous attendîmes que la plus grande chaleur fût passée. Ce ne fut que vers quatre heures que nous eûmes le courage de nous remettre en route, et qu'après avoir exploré le bois dans toutes ses parties, que nous nous décidâmes à regagner Saint-Valery.

Notre retour s'effectua d'ailleurs aussi allègrement que la première course. Cette journée avait passé avec une effrayante rapidité, comme toutes les journées heureuses de notre vie, celles que l'on voudrait retenir au passage.

Une promenade pittoresque à la campagne en aimable compagnie, cela ne vaut-il pas tous les plaisirs bruyants que tant de gens estiment davantage?

Le lendemain, la pluie vint contrarier nos projets. Le surlendemain, heureusement, le soleil reparut et nous pûmes sortir. Cette fois nous nous dirigeâmes vers le bois Houdan.

Ce bois, plus près de Saint-Valery que celui des Bruyères, ne renferme pas d'aussi beaux arbres, mais sa situation est ravissante. Un de ses versants donne sur la mer. En se promenant sous ses frais ombrages, l'on respire à la fois et les salutaires parfums répandus dans l'air par les différentes essences qu'il renferme et les émanations salines toujours si vivifiantes.

Nous y passâmes presque toute la journée. J'avais comme toujours emporté mon album; je pris plusieurs croquis, que je placerai un jour ou l'autre dans mes tableaux, et qui, en attendant, me rappelleront une charmante promenade.

Avant de nous séparer, à notre retour à Saint-Valery, nous convînmes d'aller le lendemain au Crotoy. Après avoir longuement discuté les différentes manières qu'il y a de s'y rendre, nous décidâmes que nous irions par mer. M. C*** se chargea de nous procurer un canot. La marée était haute à dix heures ; nous pouvions être au Crotoy pour déjeuner. Nous nous donnâmes rendez-vous sur la digue pour neuf heures et demie.

BARQUES DE PÊCHE

CHAPITRE XVI

SAINT-VALERY (*suite*)

**Promenade au Crotoy. — Le vieux château.
La tour où fut enfermée Jeanne d'Arc.**

Le lendemain, à l'heure indiquée, nous nous embarquions sur un joli petit bateau appartenant à un brave pêcheur depuis longtemps connu de M. C***. La pêche étant peu productive depuis quelque temps, cet homme s'était facilement décidé à n'y pas aller ce jour-là et à disposer de sa barque en notre faveur. La traversée fut heureuse. La mer était calme, trop calme même ; on se fût cru sur le lac du bois de Boulogne, et tous les voyageurs, voire même les voyageuses, arrivèrent à destination sans avoir ressenti la plus légère atteinte du mal redouté.

Le Crotoy est un tout petit port, situé sur une langue de terre qui s'avance dans la baie de la Somme, à sept ou huit kilomètres de la pleine mer. Quelques rares caboteurs de la Somme sont seuls admis à y relâcher. La population du Crotoy se compose presque exclusivement de pêcheurs. A part quelques villas situées sur le port, les maisons y sont fort peu élégantes, pour ne pas dire absolument primitives.

Le Crotoy a une fort ancienne origine ; il a dû être autrefois une ville importante, si l'on en croit les vestiges retrouvés dans les sables ; les antiquaires prétendent même que l'on aurait découvert sous ces sables les traces de deux villes, l'une sous le village du Crotoy, l'autre sous le banc de galets qui le protège.

Le vieux château du Crotoy, autrefois importante forteresse baignée par la mer, est aujourd'hui entièrement disparu. On montre sur les anciens remparts l'emplacement de la tour où Jeanne d'Arc fut enfermée par les Anglais, en 1430 ; d'après quelques personnes, son cachot existerait encore, il serait seulement muré. Les anciens remparts, en partie conservés, protègent le Crotoy contre les grandes marées ; les murs de ces remparts sont en grès ; dans l'angle le plus avancé du côté de la mer, est une grande tour ronde surmontée d'un feu de marée. Dans les fortifications, aujourd'hui détruites, on a trouvé des canons de fer qui servent de bornes sur la place du port. De l'ancienne église, il ne reste que le clocher fortifié et un retable en chêne, de la fin du xve siècle. L'église actuelle date de 1865.

Tout près du port se trouve un jardin public, fort petit, mais au milieu duquel on a placé une statue de Jeanne d'Arc.

Jeanne d'Arc est en grande vénération dans le pays. On raconte que, quand elle était enfermée dans la tour du Crotoy, différentes personnes du pays, dames et messieurs, la visitèrent dans sa prison, et que, les remerciant, elle s'écria tout en pleurs :

— Ce peuple est bon. Dieu veuille qu'après ma mort je sois enterrée dans ce pays.

Les femmes des marins ne parlent de Jeanne d'Arc qu'avec le plus profond respect. Le chef de la dernière branche de sa famille habite le Crotoy, où il est employé à la douane ; il se montre très fier des lettres patentes qui l'autorisent à porter le nom de *du Lys* et à placer dans ses armes la fleur de lis des Bourbons.

JEANNE D'ARC

CHAPITRE XVI

Le port du Crotoy faisait autrefois un grand commerce de vins du Midi, ainsi que de laines et de bois de teinture d'Espagne, qu'on envoyait en Flandre. Ce port avait beaucoup d'importance au temps où il appartenait à Edouard II et à Edouard III. Aujourd'hui le seul commerce du Crotoy est celui de la marée et des huîtres.

La population du Crotoy est honnête et dévouée. Pendant la Révolution, le duc de Larochefoucauld s'était rendu au Crotoy dans l'espoir de passer de là en Angleterre. Il s'embarqua dans le bateau d'un pêcheur nommé Vadunthun. En partant, le duc remit la moitié d'une carte à jouer à son valet de chambre, en lui disant :

— Lorsque cet excellent homme vous remettra l'autre moitié de cette carte, je serai arrivé sain et sauf, et vous irez la porter à ma femme.

Quelques jours après, Mme de Larochefoucauld avait la certitude que son mari était hors de France. Plus tard, le duc, de retour dans sa patrie, faisait venir chaque année chez lui, pendant une quinzaine de jours, le brave pêcheur, qui l'avait aidé à fuir dans un temps où un pareil service pouvait être si dangereux pour celui qui le rendait, et il le traitait magnifiquement, le donnant comme son sauveur.

M. C*** nous donna, durant le déjeuner et pendant que nous visitions avec lui le Crotoy, tous les renseignements que je viens de mettre sous les yeux du lecteur.

Quand nous eûmes tout vu, ce qui n'est pas long, nous nous rendîmes sur la plage ; là M. C*** rencontra des amis qui habitaient le pays et qui nous offrirent l'hospitalité sous leur tente.

Au Crotoy, au lieu de cabines, les baigneurs ont des tentes, espèces d'immenses parasols qu'on plante dans le sable et sous lesquels se réunissent des sociétés quelquefois très nombreuses.

De la tente où nous étions assis, nous jouissions d'une vue superbe : à droite, la pleine mer et la pointe du Hourdel ; à gauche, de l'autre côté de la baie de Saint-Valery, son église, appuyée sur les anciens remparts, ses falaises boisées, sa digue bordée d'arbres magnifiques.

M. C*** me pria de lui esquisser ce gracieux paysage, ce que je fis avec un véritable plaisir, d'autant plus que j'étais enchanté de lui laisser cet insignifiant souvenir en reconnaissance de la complaisance que lui et sa famille avaient eue pour nous.

JEANNE D'ARC AU SIÈGE D'ORLÉANS

CHAPITRE XVII

SAINT-VALERY (*suite*)

Promenade à Pendé. — Procession du 15 août à la chapelle des Marins.

Nous quittâmes le Crotoy assez tard dans la soirée; notre retour à Saint-Valery s'effectua dans les meilleures conditions; la nuit était splendide.

Nous pensions partir le lendemain, Charles et moi. Comme nous parlions de ce projet, Mme C*** nous fit observer que nous étions au 13 août, et que, le 15, devait avoir lieu la grande procession qui, chaque année, à pareil jour, se fait à la chapelle des Marins :

— C'est, nous dit-elle, une cérémonie très curieuse, en même temps que fort édifiante et excessivement touchante; restez encore deux jours avec nous, vous ne le regretterez pas.

— Pour cela, j'en réponds, fis-je galamment. Eh bien, Charles, qu'en penses-tu?

— Restons.

Une promenade à Pendé, village situé à cinq kilomètres de Saint-Valery, occupa notre journée du lendemain. On nous montra, dans l'église de Pendé, des stalles et des sculptures en bois qui viennent de l'abbaye de Saint-Valery. Près du village est un fort joli bois, où nous passâmes une partie de l'après-midi.

Le lendemain, 15 août, jour de l'Assomption, nous accompagnâmes M. et M*me* C*** à la grand'messe ; la procession ne devait avoir lieu qu'à l'issue des vêpres.

M. et M*me* C*** nous avaient invités à déjeuner avec quelques-uns de leurs amis, nous étions restés longtemps à table, puis nous avions longuement causé. Tout à coup M*me* C***, regardant la pendule, s'écria :

— Trois heures moins un quart !

Chacun se leva ; les dames mirent leurs chapeaux, et nous nous rendîmes tous ensemble sur la place de l'église ; nous étions huit.

Le soleil brillait d'un vif éclat, mais quelques ondées, tombées les jours précédents, avaient assez rafraîchi l'atmosphère pour qu'on en pût supporter les rayons. Nous étions à peine arrivés que la procession se mit en route. Les enfants comme toujours ouvraient la marche ; c'étaient d'abord les petits garçons dans leurs habits de fête, puis les petites filles des Sœurs vêtues de robes blanches, sur lesquelles tranchaient de larges ceintures bleues ou roses ; les unes portaient sur la tête des couronnes de fleurs et d'épis ; à d'autres, aux plus petites, on avait attaché sur les épaules des ailes d'argent ; les demoiselles de la confrérie suivaient, également en blanc et la tête enveloppée de longs voiles ; elles étaient précédées de la blanche bannière de Marie et d'une statue de la Vierge, dans la main de laquelle on avait placé une magnifique grappe de raisin, prémices de la récolte offertes à la Reine du ciel. Derrière l'archiconfrérie venait la bannière rouge du Sacré-Cœur, accompagnée de quelques membres de la confrérie, puis la bannière verte de Saint-Valery, portant écrit en lettres d'or le mot *Fides*. A la suite de cette dernière

CHAPITRE XVII

bannière marchaient les marins, au teint basané par le soleil et le vent de mer, puis enfin la fanfare.

Une foule immense suivait, foule des plus hétérogènes, mais *une* par le sentiment qui l'animait, la foi. Là, se confondaient toutes les classes. Près du grave magistrat, de l'élégant Parisien, venu pour quelques jours oublier au bord de la mer les futiles mais fatigantes obligations du monde, marchaient le brave paysan, l'ancien douanier, l'ouvrier du port. La robe des dimanches de l'humble paysanne frôlait l'élégante toilette de la baigneuse fashionable; le vieillard, au pas lent et traînant, suivant difficilement le pieux cortège, avait pour compagnon de route le petit enfant dont les jambes étaient courtes et que tout amusait et retardait en chemin.

La procession, après avoir traversé le hameau de l'Abbaye, atteignit une longue et belle avenue, plantée de grands arbres, qui conduit directement à la chapelle des Marins. Beaucoup de personnes, venues d'avance, l'attendaient, répandues dans les magnifiques prairies qui entourent l'église. Les accords de la fanfare les avertirent de se rapprocher de la chapelle; quant à y entrer, ceux mêmes qui avaient suivi la procession ne devaient pas y songer.

Les enfants furent rangés autour de l'église, le clergé et les membres de la fanfare seuls pénétrèrent dans l'intérieur. A l'entrée, fut déposée la statue de la sainte Vierge, ainsi que les diverses bannières.

On commença les vêpres, auxquelles les fidèles assistèrent du dehors. C'était un touchant spectacle que celui de cette foule répandue dans la campagne, et répondant aux saints psaumes qui se chantaient dans l'église.

Une quête, destinée à payer les frais de décoration de la chapelle, avait été annoncée. M. le Doyen, en aube et portant sa pèlerine d'hermine, tendit lui-même la bourse aux assistants; il parcourut, précédé d'un suisse en grande tenue, toutes les allées environnantes, où bon nombre de personnes, n'ayant pu approcher de la chapelle, attendaient le retour de la procession.

Les vêpres terminées, la fanfare sortit de l'église, puis la procession se remit en marche dans le même ordre qu'elle avait suivi pour s'y rendre, et, toujours au son des instruments, reprit le chemin de Saint-Valery, où l'on devait donner le salut dans l'église de Saint-Martin.

Mais, avant de se remettre en route, une partie des pèlerins, et nous fûmes du nombre, voulurent entrer dans la chapelle, accessible à tous maintenant, afin d'y demander, par l'intercession du saint patron, quelque grâce particulière. Ce ne fut qu'après avoir fait devant le tombeau de saint Valery une courte mais fervente prière, que nous rejoignîmes la procession.

Quelle belle et touchante cérémonie que celle à laquelle nous venions d'assister, et qu'elle était bien faite pour suggérer à des cœurs chrétiens les plus consolantes pensées !

— Non, me disais-je, en marchant à pas lents derrière les bannières de la Vierge et de saint Valery, non, quoi qu'en puissent dire les incrédules et aussi les esprits chagrins, la France de nos jours est encore la France de Louis XIII ; le vœu du pieux monarque, après deux cents ans, n'est pas oublié. Marie nous protègera comme elle a protégé nos pères ; elle ne peut détourner ses regards d'un pays où elle a encore des fidèles si nombreux et si fervents. Celle qu'implore le matelot au fort de la tempête, veille sur nous, qu'avons-nous à craindre ?

CHAPITRE XVIII

DE SAINT-VALERY A CAYEUX

Le Hourdel. — Cayeux. — Son église. — Le Nouveau-Brighton.

Le lendemain, nous reprenions le sac et le bâton du voyageur; nous avions décidé d'explorer pédestrement la côte de Saint-Valery au Havre. Mme C*** s'était chargée de nous expédier nos bagages dans cette dernière ville.

Nos amis nous conduisirent jusqu'au bois Houdan, c'est là qu'ils nous dirent adieu. Après les avoir quittés, nous rejoignîmes les digues que nous suivîmes jusqu'au Hourdel.

Le Hourdel est un hameau, dépendant de Cayeux, qui ne compte que 250 habitants en chiffre rond. Il se compose d'une longue file de maisons construites, le long du port, à l'extrémité d'un banc de galets. Une digue naturelle de galets, longue de douze kilomètres, forme ce qu'on appelle la pointe du Hourdel, espèce de cap qui s'avance dans la Manche. Un feu de marée de quatre milles de portée y est établi.

Nous n'avions fait qu'un trajet de neuf kilomètres depuis notre départ de Saint-Valery, mais cela par une chaleur torride. Nous étions fatigués, et nos estomacs criaient la faim; nous entrâmes dans la seule maison où il fût possible de déjeuner, un petit restaurant dans lequel nous eûmes grand'peine à trouver une table, les promeneurs étant nombreux ce jour-là, et où nous fîmes un très maigre repas.

En sortant de table, nous gagnâmes le bord de la mer, où un heureux hasard nous fit assister à la capture d'un phoque. La prise d'un de ces animaux est une bonne aubaine qui, dit-on, échoit une ou deux fois par an aux pêcheurs du Hourdel.

Un phoque, comme celui que nous avons vu pêcher, vaut, paraît-il, à Paris, à peu près vingt-cinq francs. C'est une jolie prise.

Nous quittâmes le Hourdel de bonne heure; nous voulions dîner à Cayeux, et nous avions cinq à six kilomètres à faire pour nous y rendre.

A six heures, nous apercevions les premières maisons de ce village, situé à la pointe occidentale de l'atterrissement que forme, sur sa gauche, l'embouchure de la Somme.

Ce petit port, aujourd'hui si fréquenté, ne se composait, il y a encore peu de temps, que de quelques maisons faites d'argile et de paille, et disséminées sans ordre, sur la plage, à des hauteurs inégales; ces maisons étaient souvent englouties sous les sables, aussi avaient-elles plusieurs portes, afin que, dans le cas où l'une d'elles se trouverait obstruée, les habitants pussent sortir par une autre. Les vents d'ouest et du nord, contre lesquels Cayeux n'est pas abrité, amenaient cette espèce d'envahissement.

« Quand on a vu Paris et Cayeux, on a tout vu, » était un dicton populaire.

Cayeux n'était, en ce temps-là, fréquenté que par quelques artistes, qu'inspirait une nature sauvage et imposante, sans arbres et sans verdure. J'avais souvent entendu parler de Cayeux par un jeune

peintre de mes amis, j'avais vu les études qu'il en avait rapportées ;
je savais bien que ce bourg était, depuis un certain temps, fréquenté
par les baigneurs, mais je fus, malgré tout, fort surpris, et je puis
même dire fort désappointé, de trouver, dans un pays où je venais

PHOQUES

chercher le pittoresque, des chemins carrossables bordés de villas
élégantes, dans lesquelles — je le sus plus tard — l'on a, comme à
Paris, l'eau et le gaz. L'ancien Cayeux m'eût assurément plu bien
davantage.

La salle à manger de l'hôtel où nous dînâmes, donne sur la mer. Nous fûmes frappés de l'étendue de la plage, qui est d'ailleurs fort belle; on n'y voit pas un atome de vase. Plusieurs navires étaient mouillés devant nous; voulant se rendre à Saint-Valery, ils attendaient le pilote à Cayeux. L'entrée de la Somme est très difficile, et si quelques bâtiments, dont les capitaines connaissent parfaitement la baie, peuvent entrer sans secours, plusieurs ont eu à se repentir de n'avoir pas pris une précaution que leur commandait la prudence, et sont allés se briser contre des bancs de sable dont ils ne pouvaient soupçonner l'existence.

De petites barques revenaient en ce moment de la pêche; nous nous amusâmes à les voir tirer de l'eau. A l'aide de chevaux, on les hisse sur le galet; c'est un spectacle assez curieux.

Cayeux n'a pas de port; mais sa position, à proximité et en avant de Saint-Valery, lui donne beaucoup d'animation.

Après le dîner, m'étant mis à la fenêtre, j'aperçus, sur cette plage de Cayeux que je m'étais toujours représentée sauvage et déserte, d'assez jolies maisons, situées entre la ville et la mer, dans la plus admirable position. L'administration des domaines a mis en vente toute la zone de galet, sur une longueur de deux kilomètres.

Je devais avoir bien d'autres surprises.

La vue d'un Casino, établi là depuis peu, loin de m'être agréable, fut pour moi une nouvelle désillusion. Cayeux n'est plus maintenant qu'une plage comme une autre, plus belle que bien d'autres peut-être, mais fréquentée comme elles par les baigneurs et gâtée par les raffinements de la civilisation.

Le lendemain, aussitôt levés, nous descendîmes sur la plage; bientôt une petite chapelle, dont l'architecture, d'ailleurs, n'a rien de remarquable, attira notre attention; nous y entrâmes. Dans cette chapelle est une Vierge, ayant l'enfant Jésus dans ses bras, et tenant des rames. Sans doute, ce modeste monument fut érigé pour perpétuer le souvenir de quelque sauvetage miraculeux, opéré par l'intercession de Marie. Un petit navire de guerre à voiles, suspendu à la voûte, confirme cette supposition.

En continuant notre promenade, nous rencontrâmes, également sur la plage, un bâtiment bas et couvert d'ardoises, dont chaque pignon présente une porte cochère, au-dessus de laquelle on lit : *Société centrale de sauvetage des naufragés*. C'est là que remise le canot de sauvetage, dont l'équipage comprend un patron, deux sous-patrons et douze marins.

Nous allâmes jusqu'au phare.

Le phare de Cayeux est à feu varié, de quatre en quatre minutes, par un éclat rouge suivi d'une courte éclipse. Il signale les bancs de sable de l'embouchure de la Somme. Près de ce phare est un sémaphore. Une cloche est installée à Cayeux, comme au Hourdel, pour indiquer les signaux à faire en temps de brume; seulement la cloche du Hourdel ne fonctionne qu'une heure avant l'arrivée du flot et pendant la pleine mer, tandis que celle de Cayeux est en mouvement pendant tout le temps que dure la brume.

Un marin, que nous avions trouvé assis près du phare et que nous questionnâmes, nous donna ces détails.

Il était onze heures quand nous rentrâmes à l'hôtel.

Aussitôt après le déjeuner, nous nous remîmes en route.

Cette fois, nous nous dirigeâmes vers l'extrémité du village ; c'est là, à plus d'un kilomètre de la mer, que se trouve l'église. Cette église n'est qu'un reste de l'ancien monument qui date du XIIIe siècle. Son aspect est assez original : elle est construite en briques et en galets taillés et disposés en échiquier. Elle n'a plus de clocher, une pyramide surbaissée qui ne mérite pas ce nom abrite la cloche. L'ancien clocher était, paraît-il, fort beau. L'église de Cayeux n'a qu'une porte qui donne accès dans le bas côté gauche. Une autre porte, qui est aujourd'hui supprimée, existait autrefois ; elle avait été précédemment enterrée plus d'à moitié. Il est à supposer que le sol extérieur s'est exhaussé sous l'action des vents qui charriaient autrefois tant de sable.

L'intérieur de l'église se compose d'une nef et de deux bas côtés. Les nervures des voûtes de la nef et du bas côté gauche sont très élégantes, celles du bas côté droit ont disparu et laissent voir la charpente.

Le pourtour du chœur est garni de hautes boiseries de chêne, du siècle dernier, très finement sculptées.

Le maître-autel, en marbre rouge, est fort beau.

Le sacristain, nous voyant examiner avec une certaine attention une copie d'un Christ de Van Dyck, placée devant le maître-autel, nous apprit que cette copie était due à l'abbé Dergny, un enfant du pays, dont l'église possède plusieurs autres peintures.

Sur l'autel Saint-Pierre, nous vîmes, non sans étonnement, une croix de la Légion d'honneur placée sous un globe de verre, sur lequel est écrit : *Plachos (Nicolas-Augustin), chevalier de la Légion d'honneur*. Ayant interrogé le sacristain, nous apprîmes que c'était l'hommage d'un brave marin au Prince des apôtres.

En sortant de l'église, un moulin à vent en ruines frappa nos regards. La butte élevée, sur laquelle il est placé, semble avoir porté le donjon d'un château fort, dont on peut encore reconnaître l'enceinte de forme ovale et bordée de fossés remplis d'eau.

Nous n'avions plus rien à voir à Cayeux, nous retournâmes sur la plage. Il était près de quatre heures, c'est le moment de la journée où elle offre le plus d'animation ; la plus grande chaleur étant passée, les baigneurs s'y promènent, ou viennent s'y reposer assis sur le galet ou dans des espèces de petites huttes qui les abritent du soleil

CHAPITRE XVIII

et du vent; c'est l'heure où l'on se réunit et où, quand la mer est retirée, l'on joue au croquet sur le sable.

Un monsieur, que nous avions rencontré le matin à la table d'hôte, nous aborda et se mit à causer avec une volubilité assez extraordinaire pour un homme qui nous avait vus ce jour-là pour la première fois. Ce monsieur, qui venait à Cayeux depuis dix ans, avait récemment acheté des terrains considérables entre Cayeux et le Hourdel.

— Là, nous dit-il, nous allons créer une nouvelle plage, qui bientôt sera beaucoup plus fréquentée que Cayeux. Pour commencer, un grand hôtel, qui portera le nom d'*Hôtel des Pins* et sera magnifiquement organisé, va être construit très prochainement. Ici, vous n'avez pas un arbre; là, nous avons un bois, et un bois de sapins encore, comme à Arcachon. Une partie de ce bois sera vendue, mais l'autre formera une promenade délicieuse que les médecins recommanderont à leurs malades.

— Et comment, dis-je, appellerez-vous cet Eden?

— Le *Nouveau Brighton*, car cette plage aura beaucoup d'analogie avec la plage anglaise de ce nom.

Notre nouvelle connaissance voulait absolument nous faire visiter les terrains qu'on devait mettre prochainement en vente; nous nous en défendîmes énergiquement, mais nous eûmes beaucoup de peine à lui faire comprendre que nous n'étions pas venus dans le pays pour y acheter du terrain, et qu'il serait temps pour nous de visiter la nouvelle plage quand elle serait couverte de villas, et que le grand *Hôtel des Pins* — dans lequel il doit avoir des actions — serait prêt à nous recevoir.

Nous le quittâmes, enfin, pour aller dîner.

Nous nous couchâmes de bonne heure; nous voulions être frais et dispos pour nous remettre en route le lendemain matin.

CHAPITRE XIX

AULT

L'église Saint-Pierre. — La société.

Nous devions nous rendre par le chemin le plus court au bourg d'Ault, où nous étions attendus chez un de mes amis, Georges Duteil, auquel j'avais écrit que, visitant les côtes, j'avais l'intention d'aller vérifier par moi-même la véracité des descriptions élogieuses qu'il m'avait faites si souvent de la plage pittoresque, où depuis son enfance il passe ses vacances en famille; il m'avait répondu qu'il serait très heureux de me faire visiter ses rochers, et surtout de présenter à sa mère et à sa sœur un de ses meilleurs amis.

— Quant à M. Charles, ajoutait-il, je ne le connais pas, mais les amis de nos amis sont nos amis; il sera donc le bienvenu s'il consent à accepter notre hospitalité.

Charles n'est pas un homme à façons; je lui avais dit : « Viens, » et il venait.

Nous gagnâmes le village de Brutelles, traversâmes Hautebut et suivîmes la route d'Eu jusqu'à Ault. Nous fîmes dix-sept kilomètres dans notre matinée ; mais le temps était beau, la chaleur modérée, la campagne assez pittoresque, surtout dans la dernière partie du chemin ; la course ne nous parut pas longue, et nous n'étions vraiment pas fatigués quand nous arrivâmes au bourg d'Ault.

La maison qu'habite la famille de mon ami est située, à peu de distance de la mer, sur une rampe qui conduit à la falaise du sud ; c'est une maison moderne, élégante et surtout confortable ; nous y reçûmes la plus cordiale hospitalité. Mme Duteil est une femme fort distinguée, Mlle Duteil une charmante jeune fille. Depuis longtemps elles habitent le bourg d'Ault, et s'y plaisent extrêmement, comme d'ailleurs toutes les personnes qui aiment le calme, la tranquillité, et ne demandent à une ville de bains de mer qu'un air sain, une plage pittoresque et des voisins agréables, car le bourg d'Ault réunit toutes ces conditions.

Ce petit port de pêche est situé sur la Manche, dans une échancrure de la falaise. La plage, bordée de galets, n'a d'autre défaut que d'être, à marée basse, parsemée de rochers à fleur d'eau.

Ault est entourée de charmantes promenades : des falaises pittoresques, des bois d'où l'on a une vue superbe sur la mer ; c'est un chef-lieu de canton, où les baigneurs trouvent des ressources qui ne sont pas à dédaigner. En outre de ces avantages, ce qui attire encore à Ault plus d'une famille, c'est le bas prix relatif des denrées et des loyers.

Nous passâmes dans ce pittoresque pays une journée charmante. Nous ne fîmes pas d'excursion, car nous devions le lendemain nous rendre à Mers par le chemin des Douaniers, et on n'eût pu nous proposer une plus ravissante promenade. Nous demeurâmes donc tranquillement sur la plage avec nos aimables hôtes. Quand la mer fut retirée, Mlle Duteil nous proposa une partie de croquet, qui fut promptement organisée et occupa une partie de notre après-midi. Avant le dîner, nous allâmes voir l'église.

L'église Saint-Pierre d'Ault, construite en grès et en silex, date du xv⁰ ou du xvi⁰ siècle ; quelques parties sont même plus anciennes. Elle a été restaurée. Sa tour s'élève en avant de la nef principale ; on remarque, aux angles, de curieuses gargouilles ; une tourelle hexagone renferme l'escalier.

Nous dînâmes en famille. J'emploie à dessein cette expression, car l'affabilité des dames Duteil nous avait mis tellement à l'aise que, quelques heures après avoir, pour la première fois, mis le pied chez la mère de mon ami, nous nous croyions de la maison.

Après le dîner, nous allâmes passer une heure ou deux au Casino, où les dames retrouvèrent différentes personnes de leur connaissance et même de leur intimité, et où Georges nous présenta à quelques habitants d'Ault, hommes distingués dont la conversation nous procura une excellente soirée.

A dix heures, nous étions rentrés et nous faisions nos adieux aux dames Duteil, car nous devions partir le lendemain bien avant leur réveil. Quant à Georges, il avait été décidé qu'il nous accompagnerait jusqu'à Mers.

CHAPITRE XX

D'AULT AU TRÉPORT PAR MERS

Le chemin des Douaniers. — Le bois de Cise. — Mers. — La chapelle Saint-Laurent. — Arrivée au Tréport.

Nous nous mîmes en route au lever du soleil. Etant montés sur la crête de la falaise, nous nous engageâmes dans le sentier connu sous le nom de chemin des Douaniers. C'est un chemin des plus pittoresques, mais dont il ne faut pas trop s'écarter pour se rapprocher du bord de la falaise, car celle-ci est constamment minée par l'Océan. Georges nous expliqua que des maisons, que nous avions vues à Ault sur le bord de la mer, en étaient autrefois assez éloignées et que d'autres avaient dû être abandonnées, la mer s'étant emparée du terrain qu'elles occupaient.

Au milieu à peu près du chemin que nous avions à parcourir, nous trouvâmes le bois de Cise, dans lequel nous entrâmes pour nous reposer. Ce bois est planté d'arbres assez chétifs et à formes tourmentées, comme la plupart des arbres exposés au vent de mer ; les ajoncs, les houx, les bruyères et les ronces y forment des fourrés impénétrables. Dans certaines parties, on trouve des pins maritimes. Les baigneurs d'Ault vont souvent en partie dans ce bois, d'où l'on a une vue admirable sur la Manche ; pour moi, j'eusse volontiers planté ma tente en cet endroit. Considérer la mer du haut de la falaise, assis à l'ombre d'arbres touffus, rêver de l'immensité, est-il rien de plus agréable et de plus poétique?

Mais nous devions déjeuner à Mers, et déjà Charles criait la faim ; Georges, de son côté, avait promis à Mme Duteil de ne pas rentrer tard à Ault ; nous fûmes donc forcés de nous remettre en route.

Comme nous venions de quitter le bois :

— Là, nous dit Georges, était autrefois un corps de garde de douaniers ; c'est ce qui a valu son nom au sentier dans lequel nous sommes engagés.

Un peu après le poste des douaniers, nous passâmes devant un autre bois assez semblable à celui de Cise : c'est le bois de Romeval.

Partout dans le sentier que nous suivions, nous jouissions du plus magnifique panorama. Forcés à chaque instant de descendre dans des ravins dont nous remontions ensuite les pentes gazonnées, les sites les plus variés se déroulaient sous nos yeux. Un jour, je retournerai, je me le suis bien promis, avec mon chevalet et mes pinceaux, dans ce chemin pittoresque, et si je n'y trouve pas l'inspiration, si je ne puis placer dans un cadre si délicieux des personnages dignes de lui, je renonce pour toujours à la peinture, je ne suis pas artiste.

— Nous arrivons, dit tout à coup Georges ; je vois la Vierge.

Peu de temps après, nous nous trouvions devant une statue de bronze, placée sur un socle d'argent doré et représentant la Vierge Marie, tenant l'enfant Jésus dans ses bras. Cette statue, qui domine la falaise de Mers, fut érigée par souscription à Notre-Dame des Flots.

Nous avions à nos pieds Mers et ses jolies villas. Georges, pour descendre au village, nous fit passer devant l'église dans laquelle nous entrâmes. C'est une église moderne qui n'a rien de remarquable —

à part ses fonts baptismaux en pierre de style ogival, — mais qui occupe à mi-côte une situation admirable, d'où l'on découvre tous les environs.

Enfin nous arrivâmes à Mers. Avant de visiter le village, nous commençâmes par nous rendre dans un hôtel que Georges connaissait et où il nous avait promis que nous déjeunerions fort convenablement.

Quand nous eûmes assouvi le féroce appétit que nous avait donné notre course du matin, Georges nous proposa une promenade sur la plage; il n'y a rien autre chose à faire à Mers. Cette plage d'ailleurs est fort belle; le sable en est à la fois fin et ferme, ce qui est une des causes de la faveur dont elle jouit depuis quelques années auprès des baigneurs; une autre est sa proximité du Tréport, dont Mers n'est guère qu'à un kilomètre. Mais ce qui, bien plus que ces avantages, explique la vogue de cette plage, c'est son admirable situation. La vallée de la Bresle, avec ses magnifiques prairies, la ville d'Eu et le Tréport, semble un splendide décor placé là tout exprès pour charmer les yeux des promeneurs et des heureux habitants des jolies villas bâties le long du rivage.

Nous n'avions pas l'intention de séjourner à Mers. Georges ne tarda pas à nous quitter, et nous nous acheminâmes vers le Tréport, pendant que, profitant de la marée basse, il retournait au bourg d'Ault par la route qui passe au pied des falaises. Il était encore de bonne heure quand nous prîmes celle qui conduit de Mers à Eu; nous comptions en passant visiter la chapelle Saint-Laurent, placée sur le plateau qui domine cette dernière. Les dames Duteil nous avaient beaucoup recommandé de nous y arrêter. Pour suivre leur conseil, il nous fallut nous détourner quelque peu de notre chemin; mais nous ne le regrettâmes certes pas, quand, en arrivant sur le plateau, nous découvrîmes le plus délicieux point de vue qu'on puisse imaginer. En face, la vallée de la Bresle, le Tréport, Mers et la Manche; à droite et à gauche, d'immenses falaises aux bords riants et fleuris entre lesquelles coule la Bresle ; plus loin, la jolie petite ville de Gamaches ; à l'horizon, la magnifique forêt d'Eu. Le soleil, déjà un peu bas à l'horizon, étendait ses teintes de pourpre sur ce tableau digne du pinceau d'un maître. Je restai quelque temps en extase, je ne pouvais détacher mes yeux de cette nature à la fois gracieuse et grandiose. Il fallut que Charles me tirât de ma contemplation en me rappelant que l'heure avançait et que nous avions encore du chemin à faire pour nous rendre au Tréport. Je me décidai, non sans regret, à détourner les yeux du splendide panorama qui captivait mes regards, et je me dirigeai, à la suite de Charles, vers la chapelle Saint-Laurent.

Cette chapelle n'a rien de remarquable au point de vue architectural, mais elle offre un grand intérêt au point de vue religieux. Elle fut fondée à l'endroit même où saint Laurent, évêque de Dublin, se reposa pendant un voyage qu'il avait entrepris pour solliciter, en faveur de ses ouailles, la générosité de Henri II, roi d'Angleterre ; en contemplant de cette place l'abbaye d'Eu, il prédit que cette abbaye serait son dernier séjour. Il y mourut en effet le 14 novembre 1181.

Mme Duteil nous avait raconté, la veille au soir, toutes les circonstances de la mort de ce martyr du patriotisme et du dévouement ; je me sentis fortement ému en entrant dans cette chapelle toute pleine de son souvenir.

La preuve la plus évidente de la vénération dont le saint évêque de Dublin jouit dans cette contrée, c'est que, même pendant la Révolution, les pèlerinages qui ont lieu à la chapelle Saint-Laurent, du 10 au 18 mai et le 14 novembre, jour de la fête du saint, n'ont pas été abolis.

En sortant de la chapelle, nous nous dirigeâmes vers le Tréport, par le chemin le plus direct ; nous n'avions pas le temps de visiter Eu ce jour-là, quoique nous en fussions bien près.

CHAPITRE XX

Nous arrivâmes au Tréport juste à l'heure du dîner.

Nous voulûmes, dès le soir, nous faire une idée d'une plage, que nous avions entendu souvent vanter pour sa beauté et aussi pour son animation. Nous nous y rendîmes donc, aussitôt sortis de table.

Sur une large et belle promenade, longue de plus de cinq cents mètres, à partir de la batterie qui défend l'entrée du port, à l'ouest, jusqu'au pied de la falaise, un grand nombre de promeneurs étaient venus goûter la fraîcheur relative de la soirée. La mer était haute et assez agitée, on était en grande marée. Aux fenêtres des maisons élégantes, bâties tout le long de la plage, des jeunes gens, des jeunes femmes, des jeunes filles regardaient, appuyés aux balcons, le spectacle toujours nouveau et toujours fascinant de la mer, pendant que les grands-parents jouaient au whist ou à l'écarté. Promeneurs et habitants des villas, tous semblaient heureux et sans prétention. Nous ne remarquâmes pas, ou fort peu, de toilettes excentriques.

Il semble qu'au Tréport on vive simplement, comme à la campagne ; c'est, à mon avis, la véritable manière d'entendre la vie au bord de la mer, n'en déplaise à ceux et surtout à celles qui ne cherchent dans une saison de bains qu'une occasion de faire montre d'élégance et souvent de mauvais goût.

Nous rentrâmes de bonne heure à l'hôtel, car notre journée avait été fatigante, et celle du lendemain ne devait pas l'être moins. Nous n'avions que deux jours à séjourner au Tréport, et nous voulions visiter la ville et le château d'Eu.

Dès le lendemain matin, profitant de l'offre obligeante que nous avait faite durant le dîner un de nos commensaux de table d'hôte, de partager une voiture qu'il avait d'avance retenue, nous fîmes avec lui cette petite excursion.

CHAPITRE XXI

PROMENADE A EU

La chapelle de la ferme Sainte-Croix. — La ferme du parc. — Arrivée à Eu.
L'église Notre-Dame. — Le château.

Nous partîmes, à huit heures du matin, par un temps superbe. La route du Tréport à Eu est tracée au pied des collines de la rive gauche de la Bresle ; elle suit le bassin de retenue, passe devant une croix destinée à marquer l'endroit où était autrefois l'ancienne maladrerie de Saint-Nicolas, et longe une propriété appartenant au comte de Paris. Elle laisse à gauche la ferme Sainte-Croix.

Nous nous détournâmes un peu de notre chemin pour aller visiter la chapelle qui est enclavée dans les bâtiments de cette ferme.

Cette chapelle, qui date du xii° siècle, a été restaurée et bénie avec beaucoup de cérémonie en 1882.

En 1068, Robert II, comte d'Eu, ayant perdu sa femme Béatrix, conduisait son convoi à l'abbaye du Tréport; on s'arrêta au carrefour des chemins d'Eu et d'Etalondes, près d'une croix qu'on appela, dès lors, la croix de la comtesse. Robert érigea en cet endroit un prieuré, dépendant de l'abbaye du Tréport, où chaque jour on dut prier pour la morte.

Nous visitâmes avec intérêt cette chapelle, dont nous remarquâmes les belles peintures murales et les vitraux.

La ferme du parc, créée par Louis-Philippe, et que, pendant l'absence des princes, habita M. Estancelin, ami de la famille d'Orléans, qui avait racheté une partie du domaine de ce roi, est aujourd'hui entièrement transformée. La maison de M. Estancelin a été rasée ; de nouvelles constructions, d'architecture anglaise, ont été élevées ; elles renferment des habitations pour les piqueurs, les valets de chiens, les écuries ; les meutes du comte de Paris et du prince de Joinville y sont admirablement installées ; on y voit une vacherie modèle, un poulailler, etc. Le parc de la ferme, ouvert deux fois par semaine au public, est très fréquenté par les habitants d'Eu, du Tréport et des environs, qui aiment à s'y promener et à jouir des magnifiques perspectives qu'on y rencontre.

Quand nous eûmes quitté le parc de la ferme, nous longeâmes à gauche le mur du parc du château d'Eu. Nous passâmes sous un pont qui réunit ce parc aux dépendances de la ferme, et entrâmes bientôt dans la ville d'Eu, par la rue du Tréport, qui nous conduisit à la place de l'Eglise. L'hôtel de ville est situé sur la place ; le château se trouve un peu en arrière.

L'église porte le nom de Notre-Dame d'Eu et de Saint-Laurent. Elle fut construite, en 1267, sur l'emplacement d'une ancienne collégiale, où fut célébré le mariage de Guillaume le Bâtard et de la princesse Mathilde. Frappée de la foudre en 1445, elle fut réparée par Jean Wallior et Pierre d'Elbêne ; on leur doit le chœur, les chapelles et l'abside. Un incendie ayant détruit le clocher, il fut rétabli en 1672 par un abbé d'Eu, M. Nicolas de la Place.

Le roi Louis-Philippe fit faire de grandes réparations à l'église d'Eu, qui avait été mutilée en 1793.

Notre-Dame d'Eu est une fort belle église. Son portail, élevé de quelques marches au-dessus du sol, est composé de trois portes ; celle du milieu offre une splendide voussure supportée par six colonnes de marbre ; trois colonnes à crosses soutiennent chacune des portes latérales ; au-dessus de ce portail est une belle fenêtre ; quatre clochetons surmontent les contreforts. « Le pourtour du chœur, dit l'abbé Cochet, dans son ouvrage sur les églises de l'arrondissement de Dieppe, présente trois étages de contreforts, superposés et couronnés de pyramides à crochets. Des murs jaillissent une foule d'aiguilles squammées et reliées entre elles par des arcs-boutants surmontés de balustrades. » Les fenêtres appartiennent au style flamboyant des xve et xvie siècles.

Cette église a quatre-vingt-cinq mètres de longueur, dix-sept mètres de largeur, et vingt et un mètres d'élévation sous la clef de voûte.

Dans le chœur sont quatre colonnes de marbre, élevées en souvenir de Catherine de Clèves, du prince des Dombes, du duc de Penthièvre et de la duchesse douairière de Penthièvre et de la duchesse douairière d'Orléans.

Dans le bas côté gauche de l'église, nous remarquâmes un Saint-Sépulcre du xvie siècle, restauré, nous dit-on, par les soins de la reine Marie-Amélie, lequel est fort beau.

Nous visitâmes ensuite la crypte qui, saccagée par la révolution, fut restaurée par Louis-Philippe et qui contient dix sarcophages que fit refaire le duc d'Orléans, mais dont les statues sont anciennes, la sépulture d'un duc d'Aumale, et un ossuaire contenant des débris humains arrachés à la profanation de 1793.

Les reliques de saint Laurent sont exposées dans une châsse placée au fond de l'arrière-chœur. Avant de sortir de l'église, Charles et moi, nous nous agenouillâmes quelques instants devant les précieux restes du saint évêque de Dublin, pendant que notre compagnon de voyage, qui était Anglais et protestant, examinait en détail deux beaux vitraux de Sèvres, donnés par Louis-Philippe à l'église d'Eu.

En sortant de l'église, nous nous rendîmes au château.

Le château actuel est une aile de l'ancien château des Guises, bâti pendant les dix-huit années du mariage de Catherine de Clèves, femme de Henri le Balafré, et pendant les quarante-cinq ans de son long veuvage.

Le comte de Paris, rentré en 1871 en possession des biens de Louis-Philippe, a fait disparaître les annexes construites sous le règne de son aïeul, lesquelles étaient d'un goût déplorable.

Le comte de Paris habitant le château d'Eu, nous ne pûmes le visiter intérieurement.

Pendant l'exil des princes, tous les voyageurs pouvaient entrer dans le château. Mais ce château était entièrement démeublé, l'empereur Napoléon III ayant permis aux princes bannis d'emporter tout ce qu'il contenait; et les étrangers, forcés de se contenter des renseignements que leur donnait l'ancien serviteur qui leur servait de guide, n'avaient à admirer, dans ce palais abandonné, que les beaux parquets mosaïques dont Louis-Philippe avait orné sa demeure favorite.

La chapelle seule était restée intacte; on y pouvait admirer les riches vitraux exécutés, à Sèvres, d'après les dessins de Chenevard et de Paul Delaroche.

Le parc était alors ouvert tous les jours au public.

Ce parc, dessiné par Lenôtre sur l'ordre de Mlle de Montpensier, est fort beau. Ses allées droites se prolongent jusqu'à un pavillon, d'où l'on aperçoit le Tréport et la mer; la partie basse, limitée par la Bresle, est dessinée en jardin anglais.

En quittant le château, nous voulûmes, avant de retourner au Tréport, visiter le bassin, appelé gare d'Eu, où viennent amarrer les navires qui arrivent par le canal de navigation qui joint Eu au Tréport, et apportent dans la première de ces villes des bois du Nord, des grains, du charbon de terre, etc.; ces navires sont amenés à Eu et ramenés au Tréport par un halage, qui consiste en un attelage de plus ou moins de chevaux, selon leur tonnage.

Autrefois, la mer arrivait jusqu'à Eu; elle s'en est peu à peu retirée.

Nous rentrâmes au Tréport en suivant les bords du canal. Nous étions enchantés de notre promenade.

Nous comptions employer le reste de la journée à visiter la ville; mais le temps, si beau le matin, changea vers midi, et la pluie tomba jusqu'au soir; nous en fûmes réduits à demeurer à l'hôtel et à feuilleter, pour nous distraire, quelques livres que notre hôte avait mis à notre disposition. C'est dans ces livres que je trouvai sur le Tréport les renseignements que je vais transcrire ici.

CHAPITRE XXII

LE TRÉPORT

Origines du Tréport. — Son histoire.

Le Tréport n'apparaît dans l'histoire que vers la fin du xie siècle. Jusque-là, on n'a sur cette ville et sur ses environs que des notions excessivement vagues. On croit que les Eussiens, dont parle Jules César dans ses *Commentaires*, étaient les habitants d'Eu. Il y désigne le Tréport sous le nom de *Portus Ulterior*. Les Romains connaissaient l'importance de la rade.

L'Évangile pénétra dans cette partie de la Gaule au IIIe siècle. Le premier apôtre de la contrée fut saint Quentin. Saint Mellon y prêcha la foi chrétienne. On doit aussi compter, au nombre des apôtres de la contrée, saint Firmin, évêque d'Amiens.

Plus tard, à l'époque des rois Mérovingiens, le pays fut désolé par les Normands; mais Louis III les défit à Saucourt, entre Eu et Abbeville.

Comme je l'ai déjà dit, l'abbaye du Tréport fut fondée par Robert, comte d'Eu, en 1057; elle était placée tout près de l'endroit qu'occupe aujourd'hui l'église Saint-Jacques.

Robert II prit part à la bataille d'Hastings et reçut le château d'Hastings en récompense des services qu'il avait rendus à Guillaume le Conquérant.

Philippe de Valois visita la ville d'Eu en 1331, et confirma à l'abbaye du Tréport les privilèges que lui avaient concédés ses prédécesseurs.

Le Tréport excita souvent les efforts de l'Angleterre, si longtemps ennemie de la France. De 1339 à 1340, les Anglais attaquèrent cette ville; en 1525, ils y tentèrent une descente, et furent repoussés; mais en 1555, ils parvinrent à la surprendre et à y mettre le feu.

Le Tréport perdit de son importance, quand le port de Calais fut redevenu français.

Pendant les guerres de religion, l'abbaye du Tréport fut livrée aux calvinistes.

On voulut persuader à Richelieu de fonder un grand établissement militaire au Tréport, mais il ne se laissa pas convaincre.

Cependant, en 1654, on y établit une jetée, avec des quais en bois, et le duc de Penthièvre, comte d'Eu, fit construire, en 1778, l'écluse de chasse actuelle.

En 1791, l'abbaye fut vendue comme propriété nationale. L'église, adjugée à un habitant du Tréport, fut préservée, mais l'abbaye fut détruite; il n'en reste que des ruines peu importantes : une tour octogone, des fûts de colonnes et des chapiteaux.

Le Tréport ne recevait plus que quelques bateaux de pêche; les travaux ordonnés par le comte de Penthièvre lui rendirent une certaine activité.

L'entrée du port est aujourd'hui fixée par de solides travaux : la digue de galets, sur laquelle ils s'appuient, est capable de résister aux plus furieux coups de vent.

Napoléon visita la baie du Tréport en 1802, c'était à l'époque où il méditait une descente en Angleterre.

ENTRÉE DU TRÉPORT

CHAPITRE XXII

Pendant les guerres de l'Empire, on ne s'occupa guère du Tréport, qui fut également oublié pendant la Restauration. Ses habitants vivaient tranquillement du produit de leur pêche, quand éclata la révolution de 1830.

Le Tréport profita des fréquents séjours du roi Louis-Philippe au château d'Eu. Quand la reine Victoria vint lui rendre visite, en 1843, elle débarqua au Tréport.

Louis-Philippe avait fait percer, en 1832, le canal du Tréport à Eu. Ce fut également lui qui fit construire un mur de quai à l'ouest du port. Il créa un embranchement de la route du Tréport à Paris. Une somme de 2,000,000 venait d'être affectée à l'amélioration du port, au moment où éclata la révolution de 1848. Les travaux projetés furent abandonnés. Par une étrange coïncidence, les événements de 1870 arrivèrent au moment où Napoléon III songeait à s'occuper du Tréport.

En 1862 et 1863, la jetée de l'Est avait été prolongée et l'écluse de chasse construite.

En 1870, les Prussiens s'emparèrent du Tréport et imposèrent la ville pour 33,000 francs.

On ouvrit, en 1872, le chemin de fer de Longpré au Tréport, et, en 1873, la ligne de Paris au Tréport par Abancourt; l'accès du Tréport est ainsi devenu très facile, ce qui a augmenté dans des proportions considérables l'affluence des étrangers sur sa magnifique plage.

Mais les besoins du commerce exigeaient impérieusement que l'on fît au port les améliorations depuis longtemps projetées ; une loi de 1880 déclara ces améliorations d'utilité publique, et une somme de 3,600,000 francs fut affectée aux travaux reconnus indispensables.

CHAPITRE XXIII

LE TRÉPORT (*suite*)

Entrée des embarcations dans le port. — Le calvaire. — Le bateau-pilote. — La ville haute. — L'église. — Le calvaire de la Grand'Rue. — La mairie. — La ville basse. — Le quartier des Cordiers. — Le port. — Tréport-Terrasse.

Le lendemain, quand nous nous réveillâmes, tous les nuages s'étaient dissipés, un soleil magnifique brillait à l'horizon, la mer était admirable ; agitée par un vent léger, elle formait de petites vagues argentées qui venaient mourir bruyamment sur le galet. Ce n'était pas le spectacle grandiose des grosses mers, mais un coup d'œil charmant qui, s'il ne remuait pas l'âme violemment, du moins portait à une douce rêverie. Levé le premier, je restai plus d'une demi-heure, appuyé sur le balcon de ma chambre, à regarder la mer ; j'allais quitter cette place, car Charles venait de m'avertir qu'il était prêt à sortir, quand j'aperçus au loin plusieurs voiles qui se dirigeaient du côté du port. C'étaient les bateaux qui revenaient de la pêche. Au bas de nous, sur la plage, les femmes et les enfants des pêcheurs, les yeux fixés sur la mer, cherchaient à reconnaître ceux qu'ils attendaient. Enfin, deux bateaux apparurent distinctement à l'horizon; bientôt on aperçut ceux qu'ils portaient; les matelots commencèrent à faire des signes de reconnaissance à l'adresse de ceux qui les attendaient sur le rivage; on put même entendre de loin quelques joyeux hourras; la pêche, sans doute, avait été bonne.

Mais, comme les embarcations passaient non loin du calvaire placé près de la jetée de l'ouest, un grand silence se fit tout à coup, l'équipage entier se découvrit; d'un seul et même mouvement, tous les matelots firent un signe de croix.

Il y a quelque chose de vraiment touchant dans ce respectueux salut, adressé par des hommes souvent grossiers, mais dont les sentiments ont la noblesse et l'élévation que donne l'habitude des grands spectacles de la nature, à cette croix protectrice devant laquelle ils ont, au départ, imploré l'appui de Celui qui commande aux flots et arrête la tempête; à cette croix devant laquelle tant de fois, aux jours d'orage et de tourmente, leurs femmes et leurs enfants sont venus prier pour leur heureux retour.

Enfin les deux bateaux entrèrent dans le port.

Nous sortîmes et nous nous rendîmes sur la jetée de l'ouest. Nous avions vu de loin que beaucoup de monde y était en ce moment rassemblé, et nous en avions conclu que, sans doute, il y avait là quelque curieux spectacle à observer.

Ce qui attirait l'attention de tout ce monde n'avait rien cependant de bien extraordinaire. On attendait simplement un navire anglais qu'un des pilotes du Tréport était allé chercher, aucun navire étranger n'entrant seul dans le port. Mais tout est spectacle au bord de la mer.

Nous attendîmes comme les autres.

Bientôt nous aperçûmes un bateau peint en noir avec des pavois blancs, sur lesquels se détachaient en noir, à l'avant et à l'arrière, la lettre du port et un numéro d'ordre : c'était le bateau-pilote. Sur sa grande voile, on remarquait une ancre noire ; au haut du mât principal, flottait un pavillon blanc bordé de bleu.

Ce bateau traînait à sa suite un joli navire de commerce anglais, bien connu au Tréport, où il apporte souvent des chargements de houille. Nous le suivîmes des yeux jusqu'à ce qu'il fût en rade, puis nous quittâmes la jetée. Nous n'avions qu'une journée pour visiter la ville, nous voulions occuper notre temps.

Le Tréport se compose de deux villes : la ville haute et la ville basse. La première, plus ancienne que la seconde, est reliée à cette dernière par un escalier et de larges rampes. La ville basse aboutit à la plage. De la ville haute, on jouit d'une vue admirable. La falaise du Tréport est magnifique.

L'église, bâtie à mi-côte, sur un cap qui lui sert de soubassement, domine la vallée de la Bresle. En 1362, le cimetière, attenant à cette église, s'affaissa, du côté du port, à la suite d'un hiver exceptionnel, et le vent renversa une grande partie de l'édifice. C'est sans doute à cette époque que l'on construisit le mur en terrasse qui soutient la falaise. Le portail et la tour, appuyée à la nef de droite, sont en pierre de Caen ; le portail, qui d'ailleurs est fort beau et orné de curieuses sculptures, se trouve caché par un second porche en grès, qui sert de passage pour les deux quartiers de la ville. Le pilastre qui sépare les deux portes est surmonté d'une statue de la Vierge ; au bas, s'appuie un ancien bénitier.

A l'intérieur de l'église, on s'est généralement servi des moellons provenant des falaises, mais le parement extérieur est en grès et en galets taillés formant damiers. Ce genre de construction a l'avantage de très bien résister à l'humidité de la mer.

La tour, de forme quadrangulaire, porte, sur sa face septentrionale, une statue de saint Jacques ; sur la face occidentale, celle de

ÉGLISE DU TRÉPORT

saint Pierre, et sur la face orientale, celle de saint Jean. Une tourelle, élégamment sculptée, est adossée à la face méridionale.

A l'intérieur, l'architecture de l'église du Tréport est fort simple ; on remarque cependant les clefs de voûte et des pendentifs d'une hardiesse remarquable. La balustrade du chœur et les autels sont modernes.

A la voûte du chœur est suspendue une lampe d'argent en forme de bateau. C'est, paraît-il, un ex-voto offert par la reine Marie-Amélie, quand le duc de Joinville partit pour la Vera-Cruz en 1838.

Dans la chapelle de la Vierge est la sépulture d'un maire du Tréport, nommé Charles Simon, qui, au XVIII° siècle, maintint l'indépendance de sa commune qu'on voulait alors comprendre dans la circonscription communale d'Eu, quoique ses prérogatives remontassent à François Ier. On voit, encastrée dans le mur de la même chapelle, une plaque de marbre noir portant l'épitaphe des fondateurs de l'abbaye du Tréport : Robert et Béatrix.

La chapelle de Notre-Dame des Sept-Douleurs contient deux bas-reliefs du XVII° siècle.

Les vitraux, tous modernes, ont été donnés par les habitants du Tréport et par les baigneurs.

J'oubliais de dire que l'église du Tréport a été placée et est restée sous le vocable de saint Jacques, considéré, pendant tout le moyen âge, comme le patron des pèlerins et des voyageurs.

En sortant de l'église, nous nous dirigeâmes vers le joli calvaire en grès, placé au carrefour de la Grand'Rue. Il date de 1618, ou plutôt il est de trois époques : la base est très ancienne ; l'arbre principal, tout à fait moderne, et la partie supérieure, d'une époque beaucoup plus récente que la base.

Nous descendîmes d'abord la Grand'Rue ; mais nous la quittâmes pour aller voir la mairie nouvellement restaurée, placée dans une ancienne tour, dite de François Ier.

Cette tour fut bâtie, en 1545, par François Ier de Clèves, comte d'Eu, pour défendre la ville contre les Anglais ; elle commandait l'entrée du port. Des atterrissements considérables s'étaient formés autour ; on l'a en grande partie détruite.

Nous avions vu tout ce qui pouvait nous intéresser dans la ville haute ; nous redescendîmes vers la basse ville. Nous traversâmes le quartier des Cordiers, quartier habité pendant l'hiver par les pêcheurs, mais dont les maisons, d'ailleurs fort propres, sont louées aux étrangers pendant la saison des bains. Ce quartier est parfaitement situé entre le port, la plage et la falaise.

Dans la rue du Bas, on nous fit remarquer quelques vieilles murailles attribuées aux Templiers, qui, dans le XIIe siècle, eurent une maison au Tréport.

Enfin nous nous retrouvâmes sur le port. Nous ne l'avions encore vu que de nos fenêtres ; cette fois, nous l'examinâmes avec soin. L'entrée en est à demi comblée par des galets, ce qui le rend d'un difficile accès ; mais la solidité parfaite de la digue, sur laquelle s'appuient les travaux qui fixent cette même entrée du port, lui permet de résister aux plus furieux coups de vent, et de servir de refuge aux navires qui, par les vents d'aval, manquent l'entrée de Dieppe, et qui, sans lui, seraient poussés jusqu'au fond du détroit du Pas-de-Calais.

L'avant-port est placé entre deux jetées en bois. De là part le canal d'Eu. A l'avant-port communique aussi, par une écluse, le bassin appelé la Retenue ; bassin dû au duc de Penthièvre, de l'extrémité duquel part le canal d'Artois, qui aboutit à l'ancien lit de la Bresle sous la ferme de Sainte-Croix.

Le Tréport est surtout un port de pêche. Quatre cents marins s'y livrent à différentes pêches, principalement à celle du hareng. Soixante-dix à quatre-vingts bâtiments appartiennent au port. Son bassin reçoit beaucoup de navires norwégiens et anglais, qui apportent au Tréport, les premiers, des bois du Nord, et les seconds, de la houille, des ardoises, etc.; ils retournent dans leurs pays respectifs avec des chargements de silex bleu très commun au Tréport et précieux pour la céramique, ainsi que de craie marneuse des falaises. Des navires français exportent aussi du Tréport du silex, du blé, de la farine, des graines oléagineuses, etc.

Un service régulier de marchandises, fait par des bateaux à vapeur, existe entre le Tréport et Londres.

On voit parfois au Tréport des gardes-côtes chargés de surveiller la pêche. Un assez grand nombre de bateaux de plaisance visitent le port dans la belle saison.

On comprend quelle animation offre le Tréport et combien de distractions y peuvent trouver les baigneurs.

Il ne nous restait plus, avant de quitter cette station balnéaire, qu'à visiter le nouveau quartier en construction, désigné sous le nom de Tréport-Terrasse. Un escalier en pierre de 370 marches y conduit; cet escalier est interrompu par de nombreux repos, et l'on oublie la fatigue d'une si longue montée quand, à chaque arrêt que l'on fait sur le chemin, on se retourne pour admirer une vue de plus en plus merveilleuse, et qui devient splendide lorsqu'on arrive enfin en haut de l'escalier, près du calvaire en bronze qui domine la falaise. Là on se trouve en face d'une terrasse qui n'a pas moins d'une demi-lieue, et qui doit, dit-on, se continuer et passer par le mont Huon dont elle dominera la délicieuse vallée.

C'est sur cette terrasse que l'on compte bâtir le nouveau quartier. La position en sera fort belle; mais on est d'abord effrayé de la difficulté d'y accéder. D'après les projets, trois routes carrossables permettront d'y atteindre; de plus, il est question d'y établir un chemin de fer funiculaire sous la falaise, qui, en moins de dix minutes, conduirait au centre du plateau. Ce serait au moins original.

Si tous ces beaux projets se réalisent, Tréport-Terrasse pourra devenir fort à la mode ; mais, ou je me trompe bien, ou plus d'un habitant du Tréport regrettera la belle falaise nue et sauvage où il pouvait autrefois promener en liberté ses rêveries solitaires.

Je faisais cette réflexion en descendant le sentier de chèvres, connu sous le nom de Raidillon, lequel nous reconduisit en quelques minutes à la ville. Pour moi, ce sentier pittoresque a mille fois plus de charmes que l'escalier monumental par lequel nous étions montés sur la falaise.

L'art peut-il lutter avec la nature? Non ; car l'art véritable est celui qui s'inspire de la nature elle-même, qui la représente ou en reproduit les délicieuses harmonies.

Il était tard, nous rentrâmes à l'hôtel.

Le soir, nous fîmes nos adieux au Tréport. Nous devions certes en emporter un bon souvenir ; mais il me semble que si j'y étais venu il y a une dizaine d'années, alors que — comme nous le disait un propriétaire du pays, enchanté, et pour cause, de la vogue actuelle du Tréport — sa plage n'était fréquentée que par un nombre très limité de baigneurs, attirés par la beauté du site et les facilités de la vie ; alors que le gaz y était inconnu, que les molles clartés de la lune éclairaient seules cette plage, si brillante aujourd'hui ; alors que le Tréport n'était pas une station balnéaire, mais seulement une plage délicieuse dans un pays ravissant : il me semble que j'y fusse malgré moi resté plus longtemps et n'eusse pu m'en éloigner sans regret.

Le lendemain, à sept heures du matin, nous prenions place dans la diligence de Dieppe. N'ayant rien de bien curieux à visiter sur la route, nous avions trouvé inutile de nous fatiguer à faire la course à pied, et surtout nous avions regardé à perdre une journée que nous pouvions plus utilement employer.

Avant dix heures, nous entrions à Dieppe par le faubourg du Pollet, et peu de temps après, nous arrivions au quai Henri IV, terme de notre voyage. Nous fîmes aussitôt conduire nos malles dans un hôtel qu'un de mes amis m'avait recommandé, et à onze heures nous étions tranquillement installés devant un excellent déjeuner auquel nous fîmes grandement honneur, l'air du matin et le mouvement de la voiture étant d'excellents apéritifs.

CHAPITRE XXIV

DIEPPE

Notions historiques.

Les Romains ont eu des établissements sur la partie du rivage où Dieppe s'élève aujourd'hui ; les débris antiques que l'on a trouvés dans les environs de cette ville en sont une preuve.

Dès 1030, il y avait un port du nom de Dieppe ; une charte de cette année donne aux religieux de Sainte-Catherine-lez-Rouen cinq salines dépendant du port de Dieppe, et cinq cabanes habitées par des pêcheurs, qui devaient fournir à l'abbaye cinq mille harengs saurs par an.

Après l'expédition de Guillaume le Conquérant, les fréquents rapports qui s'établirent entre l'Angleterre et la Normandie, accrurent l'importance de Dieppe, dont l'histoire commence vraiment à la fin du XIIe siècle.

Dieppe ne fut d'abord qu'un petit port de pêche.

Elle fut détruite en 1195 par Philippe-Auguste, alors en guerre avec Richard Cœur de Lion, et fut plus d'un siècle à se relever. Philippe de Valois et Charles V la protégèrent; elle prit beaucoup d'accroissement sous leurs règnes. Mais, sous Charles VI, les Anglais s'en étant emparés, elle leur fut assujettie durant quelques années. Cependant un Dieppois, Desmarets, qui avait été capitaine à Dieppe pour le roi de France, les en chassa en 1435; il pénétra de nuit dans la ville, aidé seulement de quelques bourgeois, et fit la garnison prisonnière.

Talbot voulut reprendre Dieppe; il en fit le siège, mais fut forcé de se retirer. Il laissait toutefois sur une des falaises voisines un fort en bois pourvu d'une bonne garnison, car il pensait revenir bloquer Dieppe par mer.

Les Dieppois ayant demandé du secours au roi de France, il leur envoya le dauphin, qui fut plus tard Louis XI. Celui-ci assiégea la bastille de Talbot; ses soldats, repoussés dans un premier assaut, reculaient découragés, quand Louis saisit une échelle, l'appuya contre la muraille et monta dessus avec intrépidité. Dès lors, soldats et capitaines revinrent à l'assaut, et le fort fut emporté.

Cet événement fit grand honneur au dauphin. Quand, vingt ans plus tard, après son sacre, il entra roi dans Paris, parmi les pompes qui signalèrent cette entrée, un chroniqueur du temps signale une représentation théâtrale où était figurée la bastille de Dieppe : « Et quand le roi passa, dit-il, il s'y livra merveilleux assauts de » gens du roi à l'entour des Anglais, étant dedans ladite bastille, » qui furent pris et gagnés, et eurent tous leurs gorges coupées. »

Depuis ce temps jusqu'au milieu du XVIIe siècle, en souvenir de cet événement, qui eut lieu le 14 août, on célébra une fête annuelle en l'honneur de la sainte Vierge. Une belle jeune fille, qui représentait Marie, entrait dans l'église, portée par les douze apôtres. On avait construit au fond du chœur un échafaudage sur lequel des statues de bois, mues par des ressorts, figuraient le Père éternel et les anges au milieu des nuages ; deux anges portaient la Vierge jusqu'au Père éternel, qui lui donnait sa bénédiction, et les nuages se refermaient sur elle. Pendant la cérémonie, le bouffon Gringalet adressait à la Vierge et à Dieu de singulières pasquinades.

En 1647, cette pieuse farce fut encore représentée devant Louis XIV enfant et devant sa mère ; mais la reine se montra choquée de bouffonneries que la naïveté du temps où elles avaient été inventées pouvait expliquer, mais n'excusait pas. Elles furent abolies.

Au XVe siècle, la marine de long cours avait atteint à Dieppe un haut degré de prospérité. Déjà, au siècle précédent, les navigateurs génois étaient allés en Guinée. En 1402, un Dieppois, Jean de Béthancourt, s'empara, dit-on, des Canaries, et, en 1488, le capitaine Cousin aborda dans un pays inconnu, sur le bord d'un grand fleuve qui doit être l'Amazone ; il aurait ainsi découvert l'Amérique, puis il aurait suivi la côte d'Afrique jusqu'au Cap de Bonne-Espérance, cela avant Vasco de Gama. Malheureusement on ne peut fournir la preuve de ces deux assertions, les archives de l'amirauté de Dieppe où avait été consignée l'expédition de Jean Cousin ayant été en partie détruites pendant le bombardement de 1694.

Au XVIe siècle, Jean Parmentier voyagea dans la mer des Indes, et Ango devint une puissance par les richesses que lui avaient procurées ses expéditions en Afrique et dans les Indes.

Coligny avait formé le projet de fonder en Amérique une colonie protestante. Le marin Jean Ribault, de Dieppe, partit avec cinq ou six cents hommes intrépides, montés sur cinq navires, et prit possession de la Floride au nom de la France ; mais les Espagnols l'attaquèrent, le firent égorger ainsi que ses compagnons, puis pendre avec cette inscription : « Pendus non comme Français, mais comme hérétiques. » Le capitaine gascon Dominique de Gourdes arma deux navires à ses frais, fondit sur les Espagnols, et fit pendre leurs chefs avec cette inscription : « Pendus non comme Espagnols, mais comme assassins. »

Les Français durent malgré tout abandonner la Floride.

CAP DE BONNE-ESPÉRANCE.

Les Dieppois alors se tournèrent vers le Canada. Diel d'Enambuc, aidé par Richelieu, s'empara d'une partie de l'île de Saint-Christophe, et bâtit le fort Saint-Pierre à la Martinique.

La haine que les Dieppois conservaient pour les Espagnols fut l'origine des flibustiers, hardis corsaires qui, montés sur des barques légères, poursuivaient et attaquaient ces derniers. On appelait ces courses *la pêche aux Espagnols.*

Cependant Dieppe perdit bientôt de son importance. Ses désastres tinrent principalement à ce que la majorité de sa population avait adopté les croyances protestantes. Dieppe était devenue le centre du calvinisme en Normandie. Elle se souleva plusieurs fois, et fut toujours vaincue et punie par les gouverneurs catholiques. Enfin les protestants quittèrent la ville ou se convertirent, au moins en apparence. On peut dire qu'il n'y avait plus de protestants à Dieppe au moment de la Saint-Barthélemy. L'édit de Nantes fit disparaître de cette ville les derniers vestiges du protestantisme.

La population de Dieppe avait été plusieurs fois décimée par la peste. Enfin, en 1694, la ville fut bombardée par une flotte anglaise et presque entièrement détruite par l'incendie. Duquesne avait employé, le premier, douze ans auparavant, les galiotes à bombes, dont sa patrie fut victime.

Louis XIV encouragea les Dieppois à reconstruire leur ville en leur accordant des exemptions d'impôts pendant dix ans, ainsi que quelques autres privilèges ; mais jamais Dieppe ne retrouva son ancienne splendeur.

Le galet avait encombré son port. Bordeaux, Nantes et le Havre avaient hérité de ses armateurs, de ses capitaines, de son commerce ; la pêche seule faisait vivre ses habitants. Il est vrai qu'elle était pour eux une source de bénéfices considérables.

Mais, en 1744, éclata entre l'Angleterre et la France une guerre qui ne devait finir qu'en 1768 par le traité d'Aix-la-Chapelle ; Dieppe, bloquée par la flotte anglaise, fut en proie à la disette et en partie ruinée.

CHAPITRE XXIV

Napoléon projeta pour Dieppe de grands travaux dont il ne put exécuter qu'une très faible partie.

Plus tard, la duchesse de Berry, en mettant les bains de mer à la mode, rendit à Dieppe une partie de son ancienne prospérité. Elle reçut en été un grand nombre d'étrangers, qui en firent, pendant quelques mois de l'année, la ville de luxe et de plaisir qu'elle est encore aujourd'hui.

En 1870, Dieppe fut imposée pour un million par les Prussiens.

SOLE

CHAPITRE XXV

DIEPPE (suite)

Position de Dieppe. — Le port. — L'église Saint-Jacques. — Ango.
Duquesne. — L'église Saint-Remy. — Le Casino. — La plage.

Nous employâmes la première journée de notre séjour à Dieppe à visiter la ville.

Dieppe est située sur la Manche, au fond d'un petit golfe, à l'embouchure de l'Arques, entre deux rangées de collines crayeuses. Elle est divisée en deux parties par les eaux du port : la ville de Dieppe à l'ouest, le faubourg du Pollet à l'est. Le Pollet est réuni à la ville par un pont tournant, qu'on ouvre à marée haute pour laisser passer les navires. Sur les pentes d'une colline située au sud-est de Dieppe est le faubourg de la Barre. Le port de Dieppe est très animé, et l'un des plus sûrs et des plus profonds de la Manche. Il peut contenir 150 navires et autant de bateaux pêcheurs. Il a deux bassins : le bassin Duquesne, et le bassin Bérigny, qui précède l'avant-port. Un bassin de retenue reçoit les eaux de l'Arques, et refoule, au moyen d'une écluse de chasse, les galets apportés par le flux à l'entrée du canal.

VILLE ET PORT DE DIEPPE

CHAPITRE XXV

Dieppe fournit une grande partie de la marée qui se vend à Paris.

Le port de Dieppe est protégé par deux belles jetées ; celle de l'ouest, qui est magnifique, est la promenade favorite du plus grand nombre des baigneurs.

Dieppe, entièrement reconstruite après le bombardement de 1694, est une ville neuve et généralement bien bâtie ; ses rues sont larges et aérées. De l'ancienne ville il ne reste aujourd'hui que le vieux château, et les églises Saint-Jacques et Saint-Remy.

C'est à Saint-Jacques que nous nous rendîmes d'abord. Cette église présente toutes les variétés de l'architecture ogivale du XIIe au XVIe siècle. Le portail, du XVe, est fort beau ; il est surmonté d'une galerie sculptée, et flanqué de deux tourelles ornées de niches et de statues. La rose est magnifique ; malheureusement la grande tour est lourde et massive. C'est placé devant le grand portail qu'il faut regarder l'église Saint-Jacques, qui, vue de la place, est d'un aspect peu agréable avec sa toiture d'ardoises et le belvédère en bois qui remplace son clocher.

Dans l'intérieur, cette église, dont le vaisseau est fort joli, se compose de trois nefs. On y remarque surtout : le chœur, dont la balustrade à jour, de style flamboyant, mérite une mention toute spéciale ; la chapelle de la Vierge, où se trouvent de belles verrières modernes et une plaque commémorative d'Ango ; la chapelle du Saint-Sépulcre, où l'on admire un fort beau confessionnal, et la chapelle Saint-Yves, où l'on peut voir la pierre tombale d'Ango. Les antiquaires visitent aussi avec intérêt l'escalier en bois sculpté qui se trouve dans la sacristie. Dans la chapelle Saint-Joseph est un beau retable de la Renaissance.

Les chapelles datent de 1354, les voûtes du chœur de 1443.

Toutes les chapelles du pourtour du chœur sont fermées par des clôtures en pierre sculptée, dans le style du XVe siècle.

L'ancienne sacristie fut, nous dit-on, l'oratoire d'Ango.

Le nom d'Ango se retrouve partout dans cette église; il est, du reste, un des plus célèbres à Dieppe.

Ango, fameux armateur du xvi° siècle, a été surnommé le Médicis dieppois. Il naquit à Dieppe de parents peu aisés, dont il fut l'unique enfant. Il reçut une bonne éducation, et partit très jeune pour les côtes d'Afrique; il visita celles des Indes comme officier, et puis comme capitaine. S'étant fait armateur, il acquit des richesses considérables. Il envoya des vaisseaux dans les Indes; en 1530, les Portugais ayant pris un de ses vaisseaux, il en équipa dix-sept qui allèrent ravager Lisbonne. On raconte que le roi de France renvoya à Ango deux députés que lui avait envoyés le roi de Portugal, disant que *cela ne le regardait pas*. Ango les reçut avec courtoisie, leur recommanda de mieux traiter à l'avenir le pavillon français, et consentit à rappeler sa flotte. Sa fortune était devenue si considérable, qu'il traitait d'égal à égal avec les souverains, et était le fermier général des principaux seigneurs de la contrée.

Il reçut François Ier dans son magnifique hôtel situé à Dieppe, à la place où est aujourd'hui le collège, dans la cour duquel restent encore quelques vestiges de cette princière demeure. Les ameublements du palais de l'armateur étaient splendides; on y admirait des tableaux de maîtres, des buffets chargés d'émaux précieux et de magnifiques pièces d'argenterie. La façade de l'hôtel était en chêne antique sculpté; on y voyait représentés des scènes de voyage, des combats contre les Normands et les Anglais, des fables d'Esope, etc. Ango reçut du roi, à la suite de cette visite, le titre de vicomte ou gouverneur, et celui de commandant de la ville et du château de Dieppe (1).

Mais la fortune d'Ango ne dura pas toujours; ruiné par les avances

---

(1) La maison d'Ango fut incendiée en 1694.

SAINT-JACQUES A DIEPPE

qu'il avait faites au gouvernement et des spéculations malheureuses, Ango mourut de chagrin dans sa maison de campagne de Varengeville, en 1551.

Un autre nom célèbre à Dieppe est celui de Duquesne, dont on voit la statue en sortant de l'église Saint-Jacques, sur la place du Marché.

Cette statue, qui est de Dantan, fut élevée en 1864.

Abraham Duquesne naquit à Dieppe en 1610. Il fut lieutenant général des armées de Louis XIV. Son père était capitaine de vaisseau ; ce fut de lui qu'il apprit le métier des armes. Il se distingua, à l'âge de dix-sept ans, au siège de La Rochelle, sous les ordres de Mgr de Sourdis, amiral et archevêque de Bordeaux. Il conduisit le brûlot qui incendia la flotte espagnole dans le golfe de Cattaro, en 1639, et fut blessé à la prise de Larodo, en Biscaye. Pendant les guerres de la Fronde, l'Angleterre ayant ruiné notre marine, Duquesne prit du service en Suède et devint amiral. Mais un peu plus tard, la France, se trouvant engagée dans une guerre contre Naples, il prit le commandement de l'escadre française et arma plusieurs navires à ses frais. En 1650, il bloqua Bordeaux révoltée contre le roi, et battit les Anglais qui venaient à son secours.

Dans la guerre de Sicile, Duquesne se mesura avec Ruyter et remporta sur lui une grande victoire dans les eaux de la Manche (30 mai 1673), et une devant l'île de Stromboli (7 janvier 1676). Le 9 juin, il en remporta une troisième, celle-ci décisive, sur les flottes réunies de Hollande et d'Espagne. Le 22 avril précédent, Ruyter avait été tué dans un combat. Un navire français s'empara du bâtiment hollandais qui emportait, dans sa patrie, le cœur du héros enfermé dans une urne. Duquesne ne voulut pas recevoir l'épée du grand capitaine hollandais ; il passa à son bord, salua l'urne funéraire et dit au commandant :

— Poursuivez votre chemin, votre mission est trop respectable pour que je vous arrête.

Duquesne remporta de grands succès sur les mers d'Asie et d'Afrique. Il força les vaisseaux de Tripoli à se réfugier dans le port de Chio, et Alger et Gênes à implorer la clémence de Louis XIV (1682-1683).

Le roi donna à Duquesne, en récompense de ses services et à titre de majorat, la terre de Bouchet, près d'Etampes, lui conférant en même temps le titre de marquis.

Aussi humain que brave, Duquesne était, de plus, d'un remarquable désintéressement ; il ne demandait de récompenses et de gratifications que pour les siens.

Enrichi par Louis XIV, il prodigua sa fortune à ses amis, disant qu'il leur restituait ce que le roi lui avait donné de trop.

Duquesne introduisit des changements importants dans la marine. Il porta la force des vaisseaux de soixante à cent canons, fit agrandir les arsenaux et construire des bassins. Il contribua au perfectionnement de la tactique navale.

Les noms les plus populaires à Dieppe sont ceux d'Ango et de Duquesne.

Après Saint-Jacques, il n'y a qu'une église à visiter à Dieppe; c'est l'église Saint-Rémy, fondée en 1522 et achevée en 1640. Le portail actuel de cette église date de Louis XIII; la façade a été réparée en 1862 et 1863. La chapelle de la Sainte-Vierge est de l'époque de la Renaissance; on y remarque les tombeaux de quatre célèbres gouverneurs de Dieppe : MM. Sigogne père et fils, et MM. de Chattes et de Montigny.

Près de cette chapelle se trouve un grand et beau bas-relief renaissance, malheureusement mutilé, mais qui mérite une attention spéciale, ainsi que le pavé mosaïque de la chapelle de Notre-Dame de Bon-Secours.

CHAPITRE XXV

Une ancienne église Saint-Remy, qui était contemporaine de la ville, a entièrement disparu et fait place au vieux château, auquel elle a légué une tour carrée.

TRIPOLI

En sortant de l'église Saint-Remy, nous nous dirigeâmes vers la place du Théâtre ; nous passâmes sous une ancienne porte à tourelles, et nous nous trouvâmes en face du Casino.

Le Casino est situé à l'extrémité sud-ouest de la plage, presque en dessous du vieux château. Affermé par la ville qui en est propriétaire, il a été reconstruit en 1857 dans le style du palais de cristal. Il se compose d'une galerie en fer et en verre, dominée au centre et aux extrémités par trois élégants pavillons. Un beau jardin entoure les bâtiments. Sur une vaste terrasse, entre le Casino et la mer, est un joli kiosque, où se donnent les concerts. De cette terrasse on peut descendre sur la plage, où se prennent les bains.

Aucun établissement du même genre n'égale, pour le confortable et l'élégance, le Casino de Dieppe.

De l'établissement des bains à la jetée de l'ouest s'étend une plage magnifique, longue de plus d'un kilomètre, et qui forme sur le bord de la mer un vaste jardin anglais composé de vertes pelouses et de massifs d'arbustes.

Le long de la plage, du côté de la ville, s'élève une rangée d'hôtels magnifiques; c'est la rue Aguado.

Nous remarquâmes en passant la maison des frères Gaillon. Cette maison, sculptée du haut en bas, est un vrai bijou dû à l'habile ciseau de ses propriétaires, artistes dieppois bien connus pour leurs charmants groupes en terre cuite, si appréciés des amateurs.

Le rivage est défendu par deux batteries. Huit épis ou lignes de pieux le protègent contre les tempêtes et retiennent le galet entraîné vers le chenal; deux autres sont établis près de la jetée de l'ouest.

Comme nous arrivions à l'extrémité de la rue Aguado, nous rencontrâmes une société composée de cinq personnes : un monsieur, une dame d'un certain âge, deux jeunes filles fort élégantes, et un jeune homme, qui semblait en fort intéressante conversation avec elles.

— Georges ! s'écria Charles.
— Georges ! répétai-je.

Aussitôt le jeune homme, qui d'abord ne nous avait pas aperçus,

GÊNES

tourna les yeux de notre côté, et, quittant le groupe dont il faisait partie, s'avança vers nous, la main tendue.

— Vous ici ? quel heureux hasard ! dit-il.

Georges Durieux est un de nos bons amis de collège, un excellent garçon, avec lequel j'avais été très lié autrefois, mais que j'avais perdu de vue dans les derniers temps.

— Comment se fait-il que vous soyez à Dieppe ? ajouta-t-il.

Je lui racontai comment, parti de Paris avec l'intention de visiter nos côtes, j'avais été voir Charles à Calais et l'avais enlevé à sa famille.

— Combien de temps comptez-vous passer ici ? nous demanda-t-il alors.

— Deux ou trois jours, lui répondis-je.

— Deux ou trois jours ! tu plaisantes, fit-il ; ne sais-tu pas que quand on est à Dieppe on n'en peut plus partir ?

— Quel enthousiasme !

— Une plage admirable, de jolies promenades, une société des plus charmantes, n'est-ce pas assez pour retenir ici ceux qui croient n'y venir qu'en passant ?

— La plage est magnifique, je l'avoue, mais j'en ai d'autres encore à visiter ; la campagne de Dieppe est belle, mais la Normandie tout entière n'est-elle pas superbe ? Quant à la société, je n'ai pas l'intention de m'y mêler ; il me sera donc difficile de l'apprécier, et par conséquent impossible de la regretter.

— Tu crois cela ? Eh bien, je te dis, moi, que tu resteras plus de huit jours ici.

— Je t'assure bien que non.

— En attendant, tu me permettras de te présenter à ma future famille.

— Tu te maries ?

— Oui.

— Ah! tu épouses une des jeunes filles avec lesquelles tu étais tout à l'heure. Je comprends maintenant ton enthousiasme pour Dieppe; c'est là que tu as connu celle à qui tu veux enchaîner ta liberté.

— Justement. Mlle Gauvain est ma fiancée depuis un mois. Mais, venez.

Nous le suivîmes.

S'approchant d'un banc sur lequel s'étaient assises, sans doute en l'attendant, les personnes en compagnie desquelles nous l'avions trouvé,

— Mesdames, dit-il, et vous aussi, Monsieur Gauvain, permettez-moi de vous présenter deux de mes bons amis de collège, M. Maurice de Lussac et M. Charles Dupré.

— Ces Messieurs demeurent à Dieppe? demanda Mme Gauvain.

— Ils y sont arrivés ce matin et ne comptent y passer que deux jours; mais leur détermination n'est pas inébranlable.

— Absolument inébranlable, fis-je en souriant.

— Nous verrons bien.

— Nous verrons, répéta Charles.

— Nous ne te retiendrons pas plus longtemps, Georges, repris-je en tendant la main à notre camarade.

— Où êtes-vous descendus?

— Hôtel de Paris.

— J'irai vous voir demain matin. A quelle heure sortez-vous?

— Oh! de très bonne heure. Mais à midi, tu es sûr de nous trouver; c'est l'heure de notre déjeuner.

— C'est bien. A demain midi.

Nous saluâmes la famille Gauvain et continuâmes notre chemin vers la jetée de l'ouest.

CHAPITRE XXV

Il était cinq heures : c'est l'heure de la promenade, la belle heure de la jetée, celle où s'y étalent les élégantes toilettes, qu'on ne voit qu'à Dieppe ou à Trouville.

Il y avait un grand concert au Casino ce jour-là, et après être restées deux heures, assises sous la tente, à humer l'air vivifiant de la mer, en écoutant les airs à la mode, exécutés par un excellent orchestre, les élégantes et jolies baigneuses avaient senti le besoin de se dégourdir un peu les jambes et de s'ouvrir l'appétit par la marche avant de rentrer dans leurs hôtels ou de regagner leurs villas. D'ailleurs, on attendait le steamer de Newhaven, et, quoique un service régulier ait lieu quotidiennement entre Dieppe et l'Angleterre, le départ et l'arrivée du steamer sont toujours une distraction pour les baigneurs comme pour les Dieppois.

Il y avait peut-être un quart d'heure que nous étions là quand nous aperçûmes, au large, le bateau attendu. Bientôt il arriva devant la jetée ; on vit alors les passagers, debout sur le pont, agiter leurs mouchoirs en faisant des signes joyeux, auxquels répondirent de sympathiques acclamations. Parmi eux se trouvaient un certain nombre de Français, qui venaient de faire une promenade en Angleterre et revoyaient avec plaisir la côte de France ; les autres étaient, pour la plupart, Anglais, mais tous étaient heureux d'apercevoir le port, car la traversée avait été difficile : beaucoup avaient souffert, et souffraient même encore de ce mal désagréable qui est ordinairement radicalement guéri en mettant pied à terre.

Après l'arrivée du steamer, presque tout le monde quitta la jetée.

Nous y restâmes encore longtemps. Le spectacle que nous avions sous les yeux était assez beau pour nous retenir.

Le soleil, très bas à l'horizon, coloriait le ciel et la mer de belles nuances pourprées ; les derniers feux du jour, se jouant dans les vitres des riches hôtels de la rue Agüado, les faisaient ressembler à de magiques palais brillamment illuminés, pendant que de l'autre côté les ombres de la nuit commençaient à se répandre sur la falaise du Pollet, et enveloppaient le petit village du Puy, cette plage en miniature si rapprochée de Dieppe, que de la jetée on distingue les personnes qui s'y promènent et qu'une lunette de théâtre suffirait pour permettre de les reconnaître.

Nous ne quittâmes notre place que quand le soleil eut complètement disparu, noyé dans l'Océan, et que les teintes de feu qui, pendant quelques instants encore, colorèrent les flots, furent entièrement effacées.

Un coucher de soleil sur la mer, est-il rien de plus magnifique, de plus capable d'inspirer le poète et de ravir l'artiste !

Nous rentrâmes fort tard ; aussitôt que nous eûmes dîné, nous remontâmes dans nos chambres. Nous y étions à peine qu'on vint nous avertir que quelqu'un nous demandait. C'était Georges ; il venait s'informer quels étaient nos projets pour le lendemain. Les dames Gauvain, qui avaient des amies chez elles, devaient faire, avant le déjeuner, une promenade au vieux château et sur les falaises de l'ouest ; Georges devait naturellement les accompagner, et il venait nous demander si nous ne voulions pas être de la partie. Nous objectâmes que notre présence pourrait être importune aux dames ; il nous répondit que Mme Gauvain elle-même l'avait engagé à nous inviter à cette promenade. Nous ne pouvions plus refuser, nous acceptâmes. Rendez-vous fut pris pour le lendemain matin à neuf heures, en face du Casino.

CHAPITRE XXVI

DIEPPE (*suite*)

Le château. — La falaise du sud-ouest. — Le Pollet et les Polletais.

Le lendemain, un peu avant l'heure indiquée, nous étions sur la plage, où Georges nous avait devancés. Comme sonnait partout le dernier coup de neuf heures, les dames apparurent accompagnées de M. Gauvain. Aussitôt réunis, nous nous dirigeâmes vers le vieux château.

Bâti au xve siècle sur la colline qui domine la ville au sud-ouest, le château de Dieppe offre un curieux spécimen de l'architecture militaire de transition; ses tourelles et ses ponts-levis lui donnent un aspect vraiment pittoresque, et l'on reste en admiration devant des murs qui, par la solidité de leur construction, semblent braver non seulement les attaques des hommes, mais les ravages du temps, ce grand et impitoyable destructeur.

Le château de Dieppe sert aujourd'hui de caserne; il est occupé par quelques compagnies d'infanterie. On peut le traverser pour se rendre sur la falaise, et admirer en passant les cours intérieures et les diverses constructions qu'elles renferment. Un officier qui lisait son journal, assis sur une pierre dans une de ces cours, reconnaissant en nous des étrangers, voulut nous faire les honneurs du château. Il nous fit remarquer des tours bâties au temps de Charles VII, quand les communes du pays de Caux se révoltèrent contre les Anglais; c'est ce qui reste de plus ancien comme construction.

Si j'avais été seul, je me serais volontiers oublié au milieu de ces ruines d'un temps empreint peut-être d'une certaine barbarie, mais dont les monuments évoquent de si grands et si poétiques souvenirs. Je ne puis me trouver en face d'un château féodal sans qu'aussitôt je croie entendre résonner sous ses voûtes le pas pesant d'un chevalier armé de pied en cap pour le combat, et apercevoir, à la fenêtre de quelque tourelle, une noble et charmante châtelaine encourageant du geste et de la voix le preux chevalier qui porte ses couleurs.

Mais nos compagnons de route, moins admirateurs sans doute du passé, avaient traversé le château sans même lui donner un regard. Georges les avait naturellement suivis, et Charles, qui causait avec Durieux, en avait fait autant. Tout à coup je m'aperçus que j'étais seul en contemplation devant ces grands débris; au même instant je m'entendis appeler, on venait de constater mon absence. Je m'empressai de rejoindre la société sur la falaise.

Là encore allait s'exercer mon enthousiaste admiration.

Rien de plus beau, en effet, que la vue dont on jouit du haut de cette falaise; de quelque côté qu'on se tourne, elle est magnifique, quoiqu'elle varie complètement selon le point où l'on se place. De celui où nous nous trouvions en arrivant par le vieux château, on a devant soi, à l'horizon, la mer, la mer immense, la mer sans bornes; à droite, la jetée et la falaise du Pollet; à gauche, du côté de Saint-Valery-en-Caux, une longue suite de hautes falaises qui se continuent indéfiniment.

Si l'on se retourne du côté de la ville, le regard n'est pas moins satisfait. Au premier plan, la masse imposante du vieux château ; au second, Dieppe et les belles campagnes qui l'environnent, et plus loin,

CHÂTEAU DE DIEPPE

la magnifique forêt d'Eu, composent un tableau moins grandiose peut-être, mais vraiment ravissant.

Nous passâmes une heure au moins sur la falaise sans nous éloigner du château; nous allions d'un point à l'autre sans jamais nous lasser de regarder et d'admirer. La matinée était belle; il y avait encore un peu de brume à l'horizon et de rosée sur l'herbe, que paissaient en toute liberté nombre de magnifiques vaches normandes. Nous étions seuls sur la falaise. A deux pas de la plage et du Casino, sur les bâtiments duquel nous planions du regard, nous pouvions jouir tout à notre aise de la nature et de la solitude.

J'en aurais joui bien davantage encore si j'avais fait la promenade seul avec Charles. Les rires joyeux des demoiselles Gauvain et de leurs amies, deux charmantes jeunes femmes en vérité, me distrayaient quelque peu de mes rêveries, et puis il fallait bien s'occuper de Mme Gauvain, qui s'était montrée si aimable pour nous. Assurément je lui savais gré de nous avoir invités à les accompagner; mais, je le dis bien bas, j'eusse préféré que l'idée ne lui en fût pas venue.

Elle en eut bien une autre : ce fut de nous engager à déjeuner; ce qui ne nous arrangeait guère, car cela devait nous prendre bien du temps; mais elle insista tellement, ainsi que son mari, que nous dûmes accepter bon gré mal gré. Nous n'eûmes pas, d'ailleurs, à nous en repentir. M. et Mme Gauvain nous reçurent avec une affabilité toute charmante, et en sortant de chez eux, nous ne pûmes que féliciter notre ami d'entrer dans une aussi aimable famille et d'avoir rencontré, sur cette plage de Dieppe, célèbre par l'excentricité qui s'y déploie, une femme aussi simple et aussi naturelle que sa charmante et spirituelle fiancée.

Mme Gauvain, pensant que nous pouvions avoir disposé de notre journée, nous avait elle-même rendu notre liberté.

Une visite au Pollet occupa notre après-midi.

Le Pollet, situé à l'est de Dieppe, était autrefois une ville distincte; ce n'est aujourd'hui qu'un faubourg de la ville, dans l'enceinte de laquelle on l'a renfermé ; il lui est relié par un pont de sept arches.

Le faubourg du Pollet est situé en face et de l'autre côté du port. Il est adossé à une falaise blanchâtre que l'on aperçoit du quai

PÊCHEURS ET MATELOTS DU POLLET

Duquesne, et sur laquelle s'élève la nouvelle chapelle de Notre-Dame de Bon-Secours. On s'y rend de Dieppe en traversant le pont et en suivant le quai du Carénage.

La population du Pollet diffère essentiellement de celle de la ville par les mœurs, les habitudes, le langage, l'habillement.

« Au Pollet, dit M. l'abbé Cochin, nous sommes dans la France du moyen âge, et presque la France de la cour des Miracles. »

Le Polletais vit uniquement de sa pêche; sa femme et ses enfants le secondent dans ses travaux. Il est excellent marin, et était réputé tel dès le xve siècle.

J'aurais voulu demeurer assez longtemps au Pollet pour croquer quelques-unes des figures typiques que nous rencontrâmes durant notre promenade dans ce faubourg. Malheureusement cela ne se pouvait pas; mais vieux pêcheurs et jeunes pêcheuses, ainsi qu'enfants au corps bronzé par le soleil et le vent de la mer, soufflant sans cesse sur leurs jambes nues, ont leur image gravée dans ma mémoire, et je les ai souvent peints de souvenir.

Le Pollet ne possède qu'une église moderne, Sainte-Marie des Grèves, qui fut inaugurée en 1849. Cette église, absolument sans style, suffit aux Polletais, peu connaisseurs en architecture.

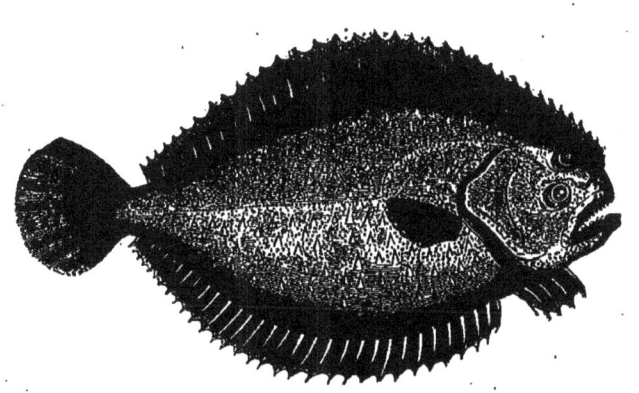

TURBOT

CHAPITRE XXVII

DIEPPE (*suite*)

Le musée. — L'hospice-hôpital. — La manufacture de tabac.
La Grande-Rue et les ivoires.

Le lendemain était le dernier jour que nous avions à passer à Dieppe. Il ne nous restait rien à y voir d'ailleurs, si ce n'est le musée et l'hospice-hôpital.

Au musée, nous remarquâmes surtout le plan en relief de la villa romaine de Sainte-Marguerite, un plan du château de Dieppe et plusieurs curieuses antiquités provenant d'Arques.

L'hospice-hôpital, situé hors de la ville, près de la gare, est un vaste monument moderne en briques, très remarquable par ses aménagements intérieurs. Les bâtiments sont divisés en deux groupes bien séparés. D'un côté sont les vieillards et les enfants trouvés; de l'autre, les malades civils et militaires. Une chapelle, construite dans le style du XIIIe siècle, est placée au centre de l'ensemble des bâtiments.

Le concierge, qui nous avait fait visiter très en détail cet hospice modèle, ne voulut pas nous laisser partir sans nous avoir montré, dans le jardin de l'ancien hôpital, un poirier qui a, paraît-il, près de 250 ans. Que de révolutions ont passé sans ébranler ce vénérable patriarche du règne végétal.

Nous avions vu, ou à peu près, tout ce que Dieppe possède de plus ou moins curieux en fait de monuments ; nous voulûmes, avant de quitter cette ville, faire une visite à la manufacture de tabac.

C'est à Dieppe que le tabac fut préparé pour la première fois en France, et aujourd'hui encore cette ville possède le principal entrepôt de tabac en feuille. Sa manufacture occupe un grand nombre d'ouvriers (environ 1,100 personnes); elle fabrique en moyenne 1,000,000 de kilogrammes de tabac, et 300,000 cigares par an.

En sortant de la manufacture de tabac, nous nous rendîmes dans la Grande-Rue, où nous voulions acheter quelques souvenirs destinés à ceux que nous avions quittés pour satisfaire notre curiosité voyageuse; nous leur devions bien ce léger dédommagement. D'ailleurs les sculpteurs en ivoire de Dieppe travaillent cette jolie matière d'une façon si merveilleuse, qu'on ne peut quitter cette ville sans emporter quelqu'un des charmants objets qui s'étalent aux vitrines de la Grande-Rue. Il y en a, du reste, pour tout le monde ; car il y en a de tous les prix, depuis le simple porte-plume plus ou moins ouvragé jusqu'aux objets d'art les plus remarquables. Cette industrie de l'ivoire est aujourd'hui la principale industrie de Dieppe, qui a perdu son importance commerciale depuis la création du Havre.

Il ne faut pas oublier pourtant que ce sont des navigateurs dieppois qui fondèrent les premiers établissements français sur divers points de l'Afrique et de l'Amérique; en Afrique, la petite Dieppe ; en Amérique, la ville de Québec (1608), qui fut longtemps la capitale de tout le Canada, et est aujourd'hui le chef-lieu du Bas-Canada seulement. Québec est situé au confluent du Saint-Laurent et du Saint-Charles.

BORDS DU SAINT-LAURENT (CANADA)

CHAPITRE XXVII

Le soir, nous allâmes prendre congé de la famille Gauvain et de notre ami Durieux, qui nous donna rendez-vous à Paris six semaines plus tard, époque à laquelle était fixé son mariage.

Le lendemain, à sept heures du matin, le sac au dos et la canne à la main, nous reprenions notre course. Nous devions aller à pied jusqu'au Havre.

CHAPITRE XXVIII

DE DIEPPE A VEULES

Départ de Dieppe. — La falaise de Caude-Côte. — Pourville. — Varengeville; le manoir d'Ango. — L'église et sa légende. — Le phare d'Ailly. — Sainte-Marguerite. — Quiberville. — Saint-Aubin.

Nous suivîmes le chemin de la citadelle; parvenus sur la crête de la falaise, nous nous dirigeâmes vers Pourville. Après avoir admiré la magnifique vue de la falaise de Caude-Côte, nous descendîmes au village du même nom, traversâmes la vallée de la Scie, et arrivâmes à Pourville, village composé seulement de cabanes de pêcheurs et de quelques rares villas, pays encore presque ignoré, quoique si près de Dieppe qu'on peut s'y rendre en moins d'une heure, si l'on est pris de la nostalgie du monde.

Après nous être reposés quelques instants dans un petit restaurant très convenable, que nous fûmes tout étonnés de trouver dans un si modeste village, nous gravîmes une côte délicieuse, d'où l'on jouit d'une vue admirable, pour nous rendre à Varengeville.

Varengeville est un charmant village qui possède des eaux ferrugineuses. Mais nous n'avions pas l'intention de goûter à ces eaux;

nous nous fîmes tout de suite indiquer le manoir où mourut Ango. Un petit paysan se chargea de nous y conduire. Hélas! nous ne trouvâmes qu'un corps de ferme. Des granges, des bergeries, un colombier orné, il est vrai, de charmantes sculptures, et des murs bâtis en mosaïque de silex noir et de pierre blanche, voilà tout ce qui reste de la maison de campagne du célèbre armateur. On nous fit voir, dans une salle

MANOIR D'ANGO A VARENGEVILLE

du rez-de-chaussée, une fresque datée de 1544, et qui a été découverte en 1857; elle représente Moïse élevant le serpent d'airain.

Avant de quitter Varengeville, nous voulûmes visiter l'église. Elle date partie du XIII° siècle et partie du XVI°, et a été classée au nombre des monuments historiques; mais ce qu'elle a surtout de remarquable, c'est sa situation pittoresque au sommet d'une falaise à pic. Une femme du pays nous raconta, au sujet de cette église, une assez curieuse légende.

Les habitants de Varengeville, fatigués de faire un long chemin pour se rendre à la messe chaque dimanche, avaient résolu de détruire leur église et d'en construire une autre avec les matériaux. Ils se mirent à l'œuvre. Ils avaient achevé la démolition quand, un beau matin, ils furent tout surpris de retrouver l'église à son ancienne place. Saint Valery, leur patron, voulait rester sur le bord de la mer ; il voulait aussi punir la paresse des habitants de Varengeville : dans la nuit, il avait reconstruit son église. Ils renoncèrent à leur projet.

La vieille église s'élève encore aujourd'hui sur la haute falaise, et les paysans de Varengeville sont plus dévots que jamais à saint Valery.

En sortant de l'église de Varengeville, nous nous dirigeâmes, par le bord de la falaise, vers le phare d'Ailly, dont nous n'étions qu'à deux kilomètres.

Ce phare fut construit en 1775 sur le cap des Roches. On l'a malheureusement placé trop au bord de la falaise, dont une partie s'éboule chaque année. Sa tour quadrangulaire est surmontée d'une plate-forme ronde. Nous demandâmes à y monter. Le gardien nous fit inscrire sur un livre nos noms, adresses et qualités. Après avoir rempli cette formalité, indispensable, paraît-il, quoique nous n'ayons pu en comprendre le motif, nous nous engageâmes à sa suite dans l'étroit escalier de la tour. L'ascension n'est pas bien difficile. Arrivés sur la plate-forme, à 93 mètres d'altitude, nous découvrîmes le plus magnifique des panoramas, et pûmes examiner de près le beau phare à éclipse dont les réverbères projettent leur lumière à dix lieues en mer.

Du phare d'Ailly, nous nous rendîmes à Sainte-Marguerite de Capremont. Nous dûmes traverser une lande de bruyères très étendue avant d'arriver à ce village, situé dans le délicieux vallon de la Saâne et arrosé par cette petite rivière, qui va se jeter dans la mer à l'ouest du village.

L'église de Sainte-Marguerite est fort curieuse. Elle fut bâtie

INTÉRIEUR DU MANOIR D'ANGO (CUISINES)

au XIe siècle et agrandie au XVIe. Sa partie gauche surtout est remarquable. L'abside a été restaurée. Un autel en pierre du XIIe siècle mérite d'être signalé à l'attention des visiteurs.

En face de l'église se trouve le château de la Tour. La porte était ouverte, nous entrâmes dans le parc. Le château étant habité, nous ne pûmes en approcher, mais nous n'eûmes pas à le regretter, car il n'a rien de bien remarquable, et nous avions pénétré assez avant dans le parc pour admirer un joli colombier gothique, très vanté, et à juste titre, par les habitants de Sainte-Marguerite.

Il y a des sources ferrugineuses tout près de Sainte-Marguerite, ce qui explique une chose qui nous avait d'abord grandement surpris : c'est qu'on trouve un hôtel et un pharmacien dans un village isolé de si peu d'importance.

Il y eut autrefois, près de Sainte-Marguerite, un des plus riches établissements romains. Des fouilles faites de 1840 à 1847 amenèrent la découverte, dans la butte Nolent, d'une villa romaine renfermant une magnifique mosaïque, ainsi que celle d'un cimetière gallo-romain et de sépultures germaniques.

Entre Sainte-Marguerite et Veules, nous fûmes souvent forcés de nous éloigner de la mer, faute de chemin praticable le long du rivage. Nous traversâmes de charmantes vallées arrosées par de jolies petites rivières qui les entretiennent dans un délicieux état de fraîcheur. Jamais nous ne nous serions crus en septembre en regardant les arbres de la route feuillés et verts comme au printemps.

A un kilomètre ou deux de Sainte-Marguerite, nous rencontrâmes Quiberville, petite station de bains, des plus modestes, où cependant nous eûmes la satisfaction de trouver un hôtel, chose appréciable pour nous qui commencions à mourir de faim.

On nous demanda une demi-heure pour préparer notre déjeuner, et, pour tromper notre impatience, nous allâmes visiter la plage ; ce qui ne demande pas beaucoup de temps.

C'est une plage de sable assez étendue, protégée par une espèce de digue de galet, sur laquelle on peut compter une vingtaine de cabines particulières.

La mer était retirée ; une société jouait au croquet sur le sable.

A part les joueurs et le chef de cuisine de l'hôtel qui pêchait à quelque distance, la plage était absolument déserte.

— Sans doute, les baigneurs de Quiberville ne sortent que l'après-midi, me dit Charles; car enfin ils sortent et ils viennent au bord de la mer. Que peut-on faire à Quiberville, si ce n'est provision d'air et de santé?

Mon ami semblait fort peu goûter Quiberville.

Pour moi, j'avoue que je ne partageais pas absolument son mépris. Quiberville n'a pas de communications, il n'est en correspondance avec aucun chemin de fer; on s'explique aisément qu'il soit peu fréquenté, mais n'est-ce point dans certains cas ce qui doit en faire le charme? Assurément, pour un homme seul, une telle résidence ne serait pas agréable. Mais supposons que deux ou trois familles amies viennent habiter cette petite plage, quelle charmante saison elles devraient y passer! Là chacun, délivré des assujettissements de la ville, pourrait se reposer vraiment des fatigues de l'hiver, reprendre pour quelques semaines possession de soi-même et goûter les charmes de l'intimité.

A Paris, on se rencontre, on ne se voit pas; on se visite, on ne se connaît pas; on a des relations, mais les amis, si l'on est assez heureux pour en avoir, a-t-on le temps d'en jouir?

Passer un mois ou deux ensemble dans un village ignoré, loin des bruits du monde; se livrer sans contrainte à ses goûts personnels et se réunir souvent, non pour poser ou pour remplir une obligation de société, mais pour échanger des idées, pour jouir en commun des beautés de la nature et des bienfaits de Dieu, est-il rien de mieux fait pour resserrer les liens de l'amitié?

Je songeais à ces choses et ne communiquais point mes réflexions à Charles, pensant qu'il ne me comprendrait pas. Il y avait près d'un quart d'heure que je ne lui avais adressé la parole.

— A quoi rêves-tu donc ainsi? me dit-il tout à coup. Il me semble qu'il serait bientôt temps d'aller déjeuner.

Charles n'oublie jamais les repas.

— Tu as raison, lui répondis-je ; je te suis.

Nous trouvâmes notre couvert mis. On avait eu l'attention de nous donner une table près de la fenêtre, de sorte qu'en déjeunant nous pussions jouir de la vue de la mer.

Nous prolongeâmes notre repas jusqu'à près de deux heures. Nous avions du temps devant nous, car il ne nous restait plus qu'une courte étape à faire ce jour-là. Nous avions résolu de nous arrêter à Veules et d'y passer une partie de la journée du lendemain.

En sortant de table, nous nous remîmes en route. Le premier pays que nous rencontrâmes est le village de Saint-Aubin. Il possède une magnifique plage de sable fin et uni ; malheureusement, pour arriver jusqu'à ce sable, il faut traverser une véritable plaine de galet, et ce galet est fort gros.

Saint-Aubin n'a pas d'établissement de bains de mer, et à peine y compte-t-on deux ou trois cabines particulières. Cinq ou six chalets s'élèvent près de la plage ; ils suffisent à loger les baigneurs. Pour ceux qui, au lieu d'aller comme nous de Quiberville à Saint-Aubin, suivent la route en sens contraire, Quiberville doit paraître une station en passe de devenir à la mode.

Après Saint-Aubin, nous traversâmes Sotteville.

Sotteville est bâtie sur la falaise, mais n'a pas de plage, et aucun chemin ne conduit de ce village au bord de la mer.

Il était quatre heures environ quand nous arrivâmes à Veules.

CHAPITRE XXIX

VEULES

L'église. — Les cressonnières. — La chapelle du Val.

Ayant déposé nos bagages à l'hôtel, nous ressortîmes presqu'aussitôt pour nous rendre sur la plage.

Veules, petit village de 1200 habitants, est situé entre deux grandes falaises, dans une vallée arrosée par la petite rivière du même nom. Sa plage n'est pas très étendue, mais on y jouit d'une vue splendide. De la terrasse du Casino, lieu de rendez-vous des baigneurs, on aperçoit d'un côté Saint-Valery-en-Caux, et de l'autre, les falaises de Dieppe.

En attendant qu'il fût l'heure d'aller dîner, nous nous assîmes sur un des bancs de la terrasse. La mer était haute, et quoiqu'elle ne fût pas bien forte, la vague venait se briser avec bruit sur la falaise, au pied d'un beau chalet nouvellement construit, et bâti, nous paraissait-il, dans une bien dangereuse position.

Nous ne nous trompions pas; le lendemain, nous apprîmes que ce chalet était achevé depuis moins d'un an, et que déjà le propriétaire avait dû faire réparer de nombreux dégâts occasionnés par les grandes marées de printemps, terribles à Veules.

Veules, paraît-il, était autrefois un port de pêche. Aujourd'hui on n'y voit presque plus de pêcheurs; le poisson y est rare, et par conséquent fort cher. Nous tenons ce détail de notre maîtresse d'hôtel.

Après le dîner, nous sentant fatigués, nous montâmes dans nos chambres. Le lendemain seulement nous visitâmes le pays.

Nous commençâmes par l'église, située en face de l'hôtel que nous habitions.

L'église Saint-Martin a été reconstruite au xvie siècle, à l'exception du clocher, lequel, de style ogival primitif, date de la fin du xiie ou du commencement du xiiie siècle. A l'intérieur, on remarque des colonnes curieusement sculptées; sur le maître-autel, un saint Martin; et, dans toutes les parties de l'église, des statuettes naïves et souvent même grotesques, comme on en voit dans plusieurs villes de Normandie; enfin un Saint-Sépulcre ancien, fort curieux.

En sortant de l'église, nous nous rendîmes aux célèbres cressonnières. Elles sont établies dans la délicieuse vallée où la Veules prend sa source. Rien de plus charmant que ces fonds ombragés, arrosés par de petits ruisseaux qui serpentent en tous sens et dans lesquels se cultive le cresson. Des femmes, jambes nues, passent une partie de la journée à le recueillir, car il s'en fait un véritable commerce. Ces femmes, d'ailleurs, sont chez elles; ces petites maisons si gentiment situées, qui forment fabriques sur le bord même des ruisseaux, sont les leurs; tout en travaillant, elles voient leurs enfants jouer dans leur petit jardin; souvent même les plus grands les aident à la cueillette du cresson.

Nous étions entrés dans les cressonnières à leur extrémité. A mesure que nous avancions, les ruisseaux devenaient plus larges.

CHAPITRE XXIX

Les ponts rustiques ajoutaient à l'agrément du paysage. De temps en temps, nous rencontrions une petite ferme dont les mille bruits se mêlaient au murmure de l'eau. Nous arrivâmes enfin près d'un moulin, le premier qu'alimente la Veules. C'est quelque chose de ravissant que le tableau qui s'offrit à nous en cet endroit. Un abreuvoir, un pont rustique, de beaux arbres et le moulin servent à le composer ; les nombreux canards qui barbotent dans la rivière, les oiseaux de basse-cour qui se promènent sur ses bords, les chevaux et les vaches qui d'eux-mêmes se rendent à l'abreuvoir, les enfants qui courent autour de la ferme animent ce gracieux et charmant paysage.

Je le considérai quelque temps en silence.

— Nous reviendrons ici tantôt, dis-je enfin à Charles ; je veux esquisser ce tableau.

— Soit, me répondit-il ; mais en attendant, je crois qu'il serait temps de regagner l'hôtel. Le déjeuner doit être sonné.

— Et qu'est-ce que cela me fait ?

— L'admiration te nourrit, toi : tu as des enthousiasmes de poète et d'artiste, mon cher ; quant à moi, qui ne suis ni l'un ni l'autre, j'apprécie à leur juste valeur les beaux arbres et les ruisseaux bien clairs ; mais la promenade m'a ouvert l'appétit, et j'ai hâte de goûter aux coquillages du pays ; la maîtresse d'hôtel, t'en souviens-tu, nous a promis pour ce matin des moules et des étrilles.

— C'est vrai.

Quand nous arrivâmes à l'hôtel, le déjeuner était commencé ; heureusement il restait des moules, sans quoi, je crois que Charles m'eût fait un mauvais parti.

Il y avait beaucoup de monde à table. La plupart de ceux qui déjeunaient avec nous étaient des habitués de la maison qui viennent chaque année, pendant les vacances, passer un mois ou deux à Veules et se rencontrent ordinairement chez notre respectable hôtesse ; ils parlaient avec animation, racontant leurs promenades du matin et faisant des projets pour la journée.

— Pour moi, dit une dame d'un certain âge, assise en face de nous, je ne compte pas faire de promenade aujourd'hui, la chaleur est trop grande; j'irai m'asseoir avec mon ouvrage aux Champs-Elysées, et quand le soleil sera passé, j'irai au Casino achever l'après-midi.

— Qu'est-ce que les Champs-Elysées ? fis-je en me tournant vers Charles.

— Je n'en sais rien.

— Vous ne connaissez pas les Champs-Elysées, Messieurs ? nous demanda un de nos voisins qui avait entendu ma question. C'est une charmante promenade.

— Est-elle bien loin d'ici?

— Les courses de Veules ne sont pas longues.

— Mais nous partons demain de bonne heure, et je tiens à emporter plusieurs croquis des cressonnières.

— Cela s'arrange fort bien. En sortant de table, je dois aller chez un de mes amis qui demeure sur la route de Saint-Valery, il ne m'en coûtera guère de prendre les Champs-Elysées; venez avec moi. De là, vous irez aux cressonnières, vous en serez tout près.

— Es-tu disposé, Charles? demandai-je à mon ami.

— Certainement.

Aussitôt le déjeuner, nous nous rendîmes, en effet, avec notre nouvelle connaissance, un employé du ministère de l'Intérieur, M. Doulain, à la promenade pompeusement baptisée par les baigneurs de Veules du nom de Champs-Elysées. Si elle ne rappelle guère la magnifique avenue qui conduit de la place de la Concorde à l'Arc-de-Triomphe, la fraîcheur qui règne sous ses ombrages, alors même que partout ailleurs le soleil, dardant des rayons de feu, vous accable sous le poids d'une chaleur tropicale, vous fait éprouver une si délicieuse sensation qu'on se croirait volontiers transporté dans l'idéal séjour où les poètes anciens placent les ombres bienheureuses.

Pour parler plus simplement, les Champs-Elysées de Veules se composent d'une longue avenue bien ombragée, bordée d'un côté par une falaise, de l'autre par des jardins remplis de fleurs, appartenant à de charmants chalets dont la façade donne sur la Grande-Rue, et par la petite rivière de la Veules et les nombreux moulins qu'elle alimente.

Presque aussitôt sortis des Champs-Elysées, nous nous trouvâmes sur la route de Saint-Valery. Notre compagnon de promenade nous quitta bientôt, et nous poursuivîmes notre chemin jusqu'aux cressonnières.

Nous y passâmes une grande partie de l'après-midi, et je n'y perdis certes pas mon temps.

Mais avant de rentrer, nous devions faire une petite excursion ; on nous avait recommandé d'aller à la chapelle du Val.

Cette chapelle, située au fond du vallon de Veules, est une ancienne maladrerie, fondée au XIIe siècle. Cachée au milieu d'un bouquet d'arbres, elle ne se voit pas de loin, car elle n'a pas de clocher ; elle n'a pas davantage de portail. Une vieille porte tout unie y donne accès ; cette porte était fermée. Comme nous faisions extérieurement le tour de la chapelle, fort peu curieuse d'ailleurs au point de vue architectural, nous aperçûmes, sous une espèce de porche, un homme agenouillé. Sous ce porche est une grille en bois qui permet de plonger dans l'intérieur de la chapelle. Nous aperçûmes une statue de la Vierge tenant l'enfant Jésus dans ses bras — la chapelle est sous l'invocation de Notre-Dame de Bon-Secours, — deux christs, dont l'un a les bras étendus entièrement droits et est d'un style très ancien, et quatre statues coloriées presque informes de sainte Agathe, de saint Antoine, de saint Denys et de saint Nicolas. La chapelle, d'ailleurs, semble entièrement nue, abandonnée. Je fus frappé de l'absence de tabernacle.

Nous étant agenouillés près du paysan que nous avions trouvé sous le porche, nous priâmes quelques instants, et je puis le dire, au moins pour moi, avec ferveur. Quand il se leva, nous en fîmes autant.

— Cette chapelle est-elle donc toujours fermée? lui demandai-je.

— Non, me dit-il; demain — c'était un samedi — elle sera ouverte toute la journée, et je vous assure qu'il y viendra du monde.

— Alors on ne l'ouvre que le dimanche?

— Oui, Monsieur, et le vendredi à neuf heures; ce jour-là, on y dit la messe.

J'aurais voulu interroger plus longuement cet homme, lui demander si quelque légende ne se rattachait pas à cette chapelle, si pittoresquement située dans ce vallon solitaire, où tout parlait à l'imagination aussi bien qu'à l'esprit et au cœur. Mais le paysan était pressé, sans doute, car il ne m'en laissa pas le temps. Il nous tira poliment son bonnet et s'éloigna.

Nous nous retirâmes bientôt à notre tour.

Le lendemain, nous quittions Veules, non sans regret, car ce charmant pays nous avait séduits, et nous avions entendu parler par nos compagnons de table de tant de jolies promenades à faire dans les environs, que nous eussions voulu y prolonger notre séjour. Mais le temps nous pressait, les vacances avançaient, et puis j'avais reçu à Dieppe une lettre de mon oncle, qui m'annonçait que, cédant au désir de ma tante, qui depuis longtemps le tourmentait pour aller au Havre, il s'était enfin décidé à faire le voyage, et qu'il espérait bien me retrouver dans cette ville. J'avoue que cette lettre m'avait fait le plus grand plaisir. J'avais pris en amitié ce parent que

CHAPITRE XXIX

j'avais été si longtemps sans connaître, et l'idée de visiter le Havre, en sa compagnie et en celle de ma tante et de ma gentille cousine, qui toutes deux s'étaient montrées si bonnes pour moi durant mon séjour à Dunkerque, me souriait tellement que je n'eusse voulu, sous aucun prétexte, manquer au rendez-vous qu'il m'avait donné.

SÈCHE. — HUÎTRES. — POLYPIER

CHAPITRE XXX

DE VEULES A SAINT-VALERY-EN-CAUX

Départ de Veules. — Les falaises. — Saint-Valery-en-Caux.
Le port. — L'église.

Le lendemain donc, après avoir pris à la hâte une grande tasse de café au lait, accompagnée de plusieurs beurrées, nous allâmes faire nos adieux à la gentille plage de Veules; puis, gravissant la falaise de gauche, nous nous dirigeâmes vers Saint-Valery-en-Caux.

Les falaises qui s'étendent de Veules à Saint-Valery sont très hautes, fort belles et plus échancrées, par conséquent plus pittoresques qu'elles ne le paraissent d'en bas; le sol, émaillé de fleurs, offre presque partout au voyageur un doux tapis de verdure.

Le trajet nous parut fort court. Une petite pluie, qui était tombée dans la nuit, avait rafraîchi l'atmosphère; un bon petit vent soufflait du nord-est. Nous fîmes le chemin sans fatigue et le plus agréablement possible.

Il était onze heures à peine quand nous arrivâmes près du Casino de Saint-Valery; nous nous rendîmes aussitôt à l'*Hôtel de la Plage*. Le temps que nous mîmes à déjeuner suffit à nous reposer, et quand nous sortîmes de table, nous étions prêts à arpenter la ville, où nous ne voulions pas rester plus d'une journée, ce temps d'ailleurs est bien suffisant pour visiter Saint-Valery.

Saint-Valery-en-Caux est une petite ville de quatre mille habitants environ, située sur l'Océan, dans un étroit vallon, entre deux falaises. Autrefois une petite rivière coulait dans cette ville; elle a disparu,

HAVRE DE SAINT-VALERY-EN-CAUX

puis reparu et disparu de nouveau. On l'a retrouvée, il y a quelques années, à une assez grande profondeur.

Il n'y avait encore, au lieu dit *l'Église de Saint-Valery*, qu'un fort modeste hameau, quand, au xvi° siècle, des pêcheurs de Veules vinrent s'établir dans la vallée située entre l'église et l'Océan. Les deux jetées furent construites, et le port creusé.

Le port de Saint-Valery-en-Caux est très sûr; accessible même par les vents de l'ouest et du nord-ouest, il offre un précieux refuge aux navires tourmentés par la tempête.

Saint-Valery-en-Caux est le port d'importation et d'exportation de la Haute-Normandie. On y fait un grand commerce de soude et de harengs-saurs ; on y arme des bateaux pour la pêche de la morue dans les mers scandinaves, l'Islande, Terre-Neuve, les côtes d'Ecosse, et aussi pour celle du hareng et du maquereau. Ce port est éclairé par deux phares, l'un de trois, l'autre de six milles de portée, et se compose d'un avant-port, ou port d'échouage, et d'un bassin de retenue, dont la partie d'aval reçoit les bateaux chargés de bois et de houille.

Malheureusement, l'entrée d'un port si précieux comme abri est en lutte constante avec le galet, et la vase envahit les bassins. De grands travaux s'exécutent en ce moment, qui ont pour but d'obvier, s'il se peut, à ces graves inconvénients. Y arrivera-t-on ?

Les jetées très étroites s'avancent très loin dans la mer. On les réparait ; nous n'en pûmes visiter qu'une, encore était-elle en si mauvais état que nous ne nous y hasardâmes pas sans quelque crainte, surtout par le vent qu'avait amené la marée montante.

Après avoir visité le port, nous suivîmes une des belles allées d'arbres qui longent le bassin de la Retenue pour nous rendre à l'église située à l'autre extrémité du pays, à un kilomètre et demi de la plage, au centre de l'ancienne ville.

L'église de Saint-Valery-en-Caux, bâtie sur les ruines d'un ancien prieuré et plusieurs fois dévastée, fut reconstruite à la fin du XVe siècle ; son portail et sa nef datent de 1535 ; enfin elle a été nouvellement restaurée. Elle est grande, mais d'une architecture assez massive. On y remarque des débris d'anciennes verrières et de beaux confessionnaux.

Le port et l'église sont les seules choses à voir à Saint-Valery-en-

Caux. Quant à la ville, nous la parcourûmes presque en entier, mais elle nous parut triste et monotone.

Comme il nous restait une heure à dépenser avant le dîner, nous allâmes la passer sur la terrasse du Casino. C'est le seul endroit où l'on puisse jouir de la mer; aussi est-ce le rendez-vous de tous les baigneurs. C'est, d'ailleurs, de cette terrasse qu'on descend aux cabines de bains. Nous assistâmes aux exploits de deux beaux nageurs, qui, nous l'apprîmes à table, font chaque jour l'admiration de la plage.

Que pouvions-nous faire ensuite à Saint-Valery, sinon de dîner et de nous coucher de bonne heure, afin de reprendre dès l'aube notre bâton de voyage?

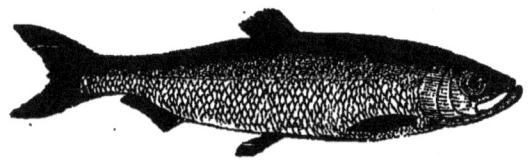

HARENG

CHAPITRE XXXI

DE SAINT-VALERY A FÉCAMP

Saint-Léger. — Veulettes. — Saint-Martin-aux-Bunaux. — Les Petites-Dalles. — La plage. — Les Grandes-Dalles. — Arrivée à Fécamp.

En effet, le soleil était levé depuis peu quand nous nous mîmes en route. Nous étant dirigés vers le port, nous traversâmes le pont qui sépare le quartier d'aval de la ville et montâmes sur la falaise. Bientôt nous aperçûmes les ruines de la chapelle Saint-Léger. De l'emplacement de cette ancienne chapelle, d'un côté on domine la mer, et de l'autre on plane sur le hameau de Saint-Léger placé dans un creux, et dans lequel on peut descendre en suivant un chemin qui commence à quelques pas des ruines. Comme ce hameau n'a rien de bien intéressant, nous nous contentâmes de le regarder de loin et continuâmes notre route.

Après avoir passé devant le sémaphore, nous prîmes le chemin dit *Chemin des Douaniers* jusqu'à Veulettes, petit village de trois cents âmes, situé à neuf kilomètres et demi de Saint-Valery, où nous fûmes en moins d'une heure.

Veulettes est une charmante petite station de bains, placée au pied d'une falaise, dans un vallon parallèle à la sauvage vallée de la Durdent. De sa plage couverte de sable fin, on jouit d'une vue fort étendue.

Comme il était de bonne heure, nous déposâmes notre petit bagage dans l'hôtel, et, après avoir commandé notre déjeuner, nous nous rendîmes à l'église.

Bâtie au XIIIe siècle, l'église de Veulettes semble une copie réduite de l'église Saint-Ouen, de Rouen. Nous remarquâmes principalement, à l'extérieur, la fenêtre du portail et les têtes fantastiques qui ornent la corniche; à l'intérieur, de très beaux chapiteaux, le chœur et des chapelles élégantes. A côté de l'église, on nous montra les rochers d'où fut tirée la pierre qui servit à sa construction, et un peu plus loin, nous trouvâmes la source de la Veulettes, espèce de ruisseau qui va se jeter dans la mer sous un petit tunnel.

Le village de Veulettes est on ne peut plus pittoresque; il possède un joli petit château moderne d'où l'on jouit d'une très belle vue.

Nous ne fîmes que passer dans ce village; en le quittant vers deux heures de l'après-midi, nous suivîmes la crête de la falaise et nous arrivâmes bientôt à la butte du *Catelier*, appelée aussi le *Tombeau de Gargantua,* endroit où se voient encore des retranchements qui sont les restes d'un ancien *oppidum*. Nous traversâmes les hameaux de Mesnil et du Haume, et passâmes devant le Val, escalier naturel formé de marches inégales, par lequel on peut descendre au bord de la mer ; enfin nous arrivâmes à Saint-Martin-aux-Bunaux, village situé à cinq kilomètres de Veulettes, où nous fîmes une petite halte, afin de visiter l'église qu'on nous avait dit être assez curieuse.

Ses deux nefs sont de deux styles absolument différents; l'une est romane, et l'autre appartient au style flamboyant. Elle renferme un baptistère de la Renaissance.

De Saint-Martin, nous continuâmes notre course vers les Petites-Dalles, où nous comptions passer le reste de la journée.

Le hameau des Petites-Dalles, petit havre de pêcheurs dépendant de la commune de Saint-Martin-aux-Bunaux, est parfaitement situé dans un vallon boisé, resserré entre deux falaises. Sa plage est abritée du côté de la haute mer par une digue de rochers qui atténue la violence des vagues ; le peu de largeur de la vallée la protège contre l'irruption des vents. C'est à cette position remarquablement avantageuse que ce pays doit la vogue dont il jouit depuis quelques années auprès des baigneurs.

Nous avions tant entendu vanter les promenades des Petites-Dalles, que nous voulûmes juger par nous-mêmes si elles méritaient leur réputation. Dans l'après-midi, nous allâmes au château de Martanville ; il était habité, nous ne pûmes donc le visiter. Mais j'avoue qu'il est impossible de parcourir un plus joli pays que celui que nous traversâmes pour nous y rendre, et qu'en revenant aux Petites-Dalles, je fus très frappé de l'effet que produit ce hameau, lorsqu'on y arrive par la route de Fécamp. Ce ne sont que maisons blanches, proprettes et charmantes ; chalets rustiques aux volets verts, aux jardinets fleuris, couverts de clématites et de rosiers grimpants, maisons et chalets à demi enfouis sous la verdure. Les arbres, souvent si rares au bord de la mer, semblent pousser à plaisir dans ce ravissant vallon. A mesure qu'on approche de la plage, les maisons, d'abord un peu éloignées les unes des autres, se rapprochent et forment une sorte de rue, en même temps elles deviennent plus élégantes. C'est de ce côté que s'élèvent les nouvelles constructions. Enfin tout près de la mer se voient quelques luxueux chalets, les uns achevés, les autres encore en voie de construction, mais tous entourés de beaux jardins, pleins d'ombre et de fraîcheur.

Ce qu'on pourrait peut-être reprocher à ce paysage, serait de ressembler un peu à un décor d'opéra-comique : mais le décor, en tous cas, est réussi ; il plaît à l'œil et réjouit l'esprit.

Rentrés aux Petites-Dalles vers six heures, nous dînâmes et passâmes notre soirée sur la plage. Il y avait concert ce soir-là à l'*Hôtel des Bains*, qui sert de Casino ; mais, après avoir marché comme nous l'avions fait ce jour-là, nous eussions craint, en y assistant, de scandaliser les habitués en ne pouvant résister à un sommeil intempestif. Etendus sur le sable, nous goûtâmes pendant une heure le plaisir de respirer à pleins poumons un air pur et vivifiant; puis nous rentrâmes nous coucher, et n'eûmes point de peine à nous endormir, quoique le bruit des instruments arrivât jusqu'à nous, mêlé à celui de la mer, assez forte ce soir-là.

Le lendemain, contre notre habitude, nous dormîmes la grasse matinée ; nous nous étions beaucoup fatigués les jours précédents, et étions décidés à nous reposer un peu. Nous n'avions pas d'ailleurs, nous le pensions du moins, une bien longue étape à fournir pour nous rendre à Fécamp, où nous devions dîner et coucher.

Nous quittâmes les Petites-Dalles à une heure de l'après-midi. Un chemin nouvellement tracé, je crois, et en tous cas très raide et fort difficile, que nous prîmes à gauche de la grande rue, nous conduisit en haut de la falaise qui sépare les Petites-Dalles d'un autre hameau, situé dans une vallée parallèle, et qu'on appelle, je ne sais pourquoi, les Grandes-Dalles. C'est vers ce hameau que nous dirigions, pour l'instant, nos pas. On nous avait assuré que nous y serions en moins d'une demi-heure. Il paraît que les Normands de cette côte sont de fameux marcheurs, car nous marchions depuis une heure sous un soleil de plomb, quand nous aperçûmes les Grandes-Dalles au-dessous de nous, dans un fond où nous ne pouvions atteindre qu'en descendant à travers champs, tâche fort difficile, car la pente est rapide, le sol inégal et caillouteux, et la commune a négligé de faire tracer un chemin, indispensable pourtant, non pour les rares voyageurs qui n'en profiteraient guère, mais pour tous ceux des habitants qui ont des terres sur la falaise. Enfin, avec beaucoup de peine, nous arrivâmes, exténués de fatigue, au bas de la côte, dans une ruelle étroite qui nous conduisit au village.

La chaleur et la marche nous avaient altérés ; nous cherchâmes un hôtel, ou tout au moins quelque café, où il nous fut possible de nous arrêter. Mais ces sortes d'établissements sont inconnus aux Grandes-Dalles. Ayant aperçu de la rue une espèce de kiosque en chaume, sous lequel étaient une table boiteuse et quelques vieilles chaises de paille commune, nous eûmes l'idée de nous informer si, par hasard, nous ne pourrions nous procurer là une bouteille de bière.

— Certainement, nous répondit la femme à laquelle nous nous étions adressés ; on va vous servir.

Elle s'éloigna et revint bientôt apportant une bouteille de bière qu'elle déposa sur la table, ainsi qu'un paquet de biscuits. La bière était exécrable, et je ne sais depuis combien de temps les biscuits étaient chez elle, mais il n'y avait qu'à y toucher pour les réduire en poussière.

Après nous être reposés environ une demi-heure, nous nous remîmes en route. Il était plus de six heures quand nous arrivâmes au sémaphore qui se trouve au bord de la falaise de Fécamp. Nous étions tout près de la chapelle de Notre-Dame du Salut, mais il était trop tard pour la visiter. Ayant demandé notre chemin à la seule personne qui se trouvât alors sur la falaise, elle nous indiqua le plus court, paraît-il, mais non le plus facile, un sentier excessivement rapide qui nous conduisit directement au port.

CHAPITRE XXXII

FÉCAMP

Origine de Fécamp. — L'abbaye des Bénédictines. — L'église Notre-Dame. — Légende de la relique du précieux Sang. — La bibliothèque. — Le musée.

Fécamp est une ville d'environ treize mille âmes, située sur la Manche et sur la rivière qui lui a donné son nom, laquelle est formée par les rivières de Valmont et de Ganzeville. Du temps de César, il y avait sur l'emplacement de Fécamp une ville qu'on appelait *Fisci Campus*, parce qu'on y apportait les contributions des contrées voisines ; mais la ville actuelle doit son origine à un couvent de femmes, fondé en 664 par Waninge, seigneur du pays de Caux. Ce couvent, qui contint jusqu'à trois cents religieuses, fut détruit en 841 par les pirates normands. Les nonnes, pour se soustraire aux outrages de ces barbares, se défigurèrent par les plus horribles mutilations ; elles se coupèrent le nez et les lèvres. Elles furent presque toutes massacrées ; quelques-unes cependant s'échappèrent, emportant avec elles les reliques de saint Waninge. Richard Ier, duc de Normandie, rebâtit le monastère, le plaça sous le vocable de la sainte Trinité, et en fit une abbaye de Bénédictines, qui devint bientôt puissante et riche, et dura jusqu'au xviiie siècle. Une ville s'éleva à l'ombre de l'abbaye, dont les habitants s'occupèrent surtout de pêche.

Le port de Fécamp est un des meilleurs ports de la côte. De tout temps il peut recevoir des vaisseaux de toutes grandeurs et même de fort tonnage; il est le premier du monde pour la pêche de la morue, et envoie tous les ans un grand nombre de vaisseaux à Terre-Neuve. La pêche du maquereau et du hareng y est aussi très importante.

Le lendemain de notre arrivée à Fécamp, notre première visite fut pour l'église Notre-Dame, ancienne église de la Trinité, le monument le plus curieux de la ville.

Cette église, bâtie de 1082 à 1107, fut presque entièrement reconstruite de 1170 à 1200, après un incendie. Le chœur fut remanié au xive siècle. A l'extérieur, ce que cette église a de plus remarquable, c'est son beau porche et sa tour centrale qui a soixante-quatre mètres d'élévation. Mais l'intérieur en est magnifique; on y descend par un escalier de douze marches. Elle a cent vingt-deux mètres de longueur; sa largeur au transept est de quarante-trois mètres; la nef principale est haute de vingt-trois mètres; cette nef, excessivement vaste, est composée de dix arcades soutenues seulement par vingt piliers, fort élégants de forme, mais sans aucun ornement. Au centre, un pilier isolé, d'une incomparable hardiesse, supporte les voussures de plusieurs chapelles.

En entrant dans cette église, le sentiment qui domine est l'étonnement; l'aspect en est véritablement saisissant. On ne peut lui reprocher qu'une chose, c'est sa trop grande longueur relativement à sa largeur; ce défaut tient à la disparition du jubé, qui existait autrefois et qui a été démoli en 1802.

Cette église a été construite en plusieurs fois; aussi y retrouve-t-on tous les styles du xie au xvie siècle.

Le chœur, pavé de marbre blanc, est séparé du reste de l'église par une grille ; il est entouré de belles stalles en chêne et éclairé par une tour centrale, haute de soixante-trois mètres.

ABBAYE DE FÉCAMP

Le maître-autel est composé de piliers, en marbre rouge et blanc, supportant un baldaquin, qui d'ailleurs n'est pas d'un très bon effet. Derrière le maître-autel est un second autel, en marbre blanc, avec un magnifique tombeau, représentant Richard, duc de Normandie, la Pentecôte et le Père éternel, le baptême de Notre-Seigneur et Richard sans Peur. Des verrières de style Renaissance décorent l'abside du chœur, dont les chapelles ont pour clôture des balustrades en pierre sculptée de la même époque.

Si de la nef on se dirige vers le haut de l'église, en faisant le tour du chœur, on remarquera, dans le croisillon nord, la chapelle du Calvaire. Sur une montagne factice est un crucifix et au-dessous le tombeau de Notre-Seigneur ; contre le mur on pourra voir un bas-relief, qui est un reste de l'ancien jubé, et au-dessus une horloge de 1667, laquelle indique, en plus de l'heure, les phases de la lune et l'heure des marées.

Tout au fond de l'église est la chapelle de la Sainte-Vierge, dont les verrières des XIV° et XVI° siècles sont fort belles, et dont il faut admirer les jolies boiseries en chêne sculpté du XVIII° siècle. L'autel, également en bois sculpté mais décoré en or, bleu et rouge, est d'un style fort original.

Sur un des panneaux de cette chapelle se trouve un Christ voilé, œuvre merveilleuse d'un pauvre menuisier, dans laquelle la draperie sculptée qui recouvre le Christ est si délicatement faite, qu'il ne semble avoir sur lui qu'un voile transparent.

Sous cette chapelle est une crypte qui sert de vestiaire aux chantres ; la porte qui y conduit est ornée de fort belles sculptures de Robert Chardon. On y remarque les initiales R. C. et de nombreuses feuilles de chardon.

En face de la chapelle de la Vierge, adossé à un pilier du rond-point du chœur, derrière le maître-autel, est un élégant tabernacle en marbre blanc, dû à la munificence du cardinal Boyer, et exécuté par un artiste italien de grand mérite ; ce tabernacle renferme la relique du précieux Sang, contenue dans deux tubes en plomb et conservée dans une espèce de ciboire placé au centre du tabernacle, dans une cavité fermée à clef, d'où on le sort les jours de fêtes et de processions. Une grille entoure le tabernacle; c'est près de cette grille que se déposent les ex-voto lors du grand pèlerinage qui a lieu chaque année le mardi de la Trinité.

Après avoir vu la chapelle de la Sainte-Vierge et le tabernacle du précieux Sang, il reste encore à voir la chapelle de la Dormition. Elle se trouve dans le croisillon sud. Un fort beau groupe, formé de figures en pierre de grandeur naturelle, portant des costumes du xvie siècle, représente la mort de la Vierge; ce groupe fut sculpté en 1519 par le moine Robert Chardon. A côté de la Dormition est un tabernacle du xve siècle, recouvrant la pierre sur laquelle l'ange, qui, d'après la légende, apporta sur l'autel le sang du Christ, laissa l'empreinte de son pied. Près du mur est un *Baptême de saint Jean,* qui est une merveille de sculpture. Dans le même croisillon se trouve la chapelle des fonts baptismaux, dans laquelle on voit deux statues en pierre voilées, destinées à rappeler les mutilations auxquelles se livrèrent les religieuses de Fécamp pour se dérober aux outrages des Normands.

Un ami de ma famille m'avait donné, à mon départ de Paris, une lettre de recommandation pour le conservateur de la bibliothèque de Fécamp. Nous comptions sur lui pour nous faire voir les curiosités que renferme la ville en fait de livres et aussi d'objets d'art, car M. N.... fait partie de plusieurs sociétés savantes. En sortant de l'église, nous nous rendîmes à la bibliothèque, qui, ainsi que la justice de paix, les bureaux de la mairie, l'école de garçons, la salle d'asile et le musée, est renfermée dans les ruines de l'ancienne abbaye.

M. N.... nous reçut admirablement; et, comme il était sur le point de se mettre à table, il nous força d'accepter à déjeuner.

Comme nous causions, au café, de la visite que nous avions faite le matin à l'église de la Trinité, j'allais lui demander des renseignements sur la précieuse relique devant laquelle nous nous étions pieusement agenouillés, mais dont nous ne connaissions qu'imparfaitement l'origine, quand M. N.... nous dit :

— Connaissez-vous la légende du précieux Sang ?

— Fort peu, lui répondis-je.

— Alors je vais vous la dire.

» Joseph d'Arimathie, disciple de Jésus, avait recueilli dans un gant le sang qui s'était figé autour des plaies du Sauveur ; il le garda précieusement jusqu'à sa mort. Près de quitter ce monde, il confia son trésor à son neveu Isaac. Celui-ci, ayant appris par une révélation que les Romains détruisaient tout sur leur passage, fit un trou dans un figuier, déposa dans ce trou la précieuse relique ; puis, ayant abattu l'arbre, jeta sa souche dans la mer. Elle fut portée vers Fécamp et trouvée par les enfants d'un homme, nommé Boza, qui la planta d'abord dans son jardin, puis voulut la transporter dans sa maison pour la brûler. Comme il faisait cette translation, le char se brisa, à l'endroit même où fut élevée plus tard l'abbaye de Fécamp. Un pèlerin, auquel Boza donnait asile en ce moment et qui l'avait aidé à transporter la souche jusque-là, s'écria :

» — Cette souche contient le précieux Sang de Notre-Seigneur Jésus-Christ, c'est ici qu'il doit être conservé à la postérité.

» Et aussitôt il disparut.

» Quand, à la fin du xe siècle, le duc de Normandie, Richard Ier, fit rebâtir l'abbaye de Fécamp, détruite par les Romains au siècle précédent, le jour de la dédicace de l'église, on vit tout à coup apparaître un ange d'une taille très élevée ; il tenait dans ses mains le précieux Sang resté enseveli sous les ruines de l'ancienne abbaye, et, le portant sur l'autel, il s'écria :

» — Voici le prix de la rédemption du monde qui vient de Jérusalem.

» En même temps il disparut; mais la marque de son pied resta empreinte sur la pierre.

» La relique du précieux Sang, ajouta notre hôte, est exposée à différentes époques de l'année, et deux processions ont lieu en son honneur; celle qui se fait au mois de juin, amène à Fécamp plus de vingt mille pèlerins.

— La foi n'est pas près de périr dans ces contrées, remarquai-je.

— Oh! non, reprit M. N...., elle est au contraire plus vivace que jamais. Nous avons bien ici, comme partout, des incrédules, et même quelques hommes qui se disent athées, mais la population est croyante.

Après le déjeuner, M. N.... nous fit les honneurs de la bibliothèque. Elle renferme un nombre considérable de volumes des XVIe, XVIIe et XVIIIe siècles, et une collection de journaux et d'ouvrages publiés pendant la révolution qui offre un grand intérêt historique.

En sortant de la bibliothèque, où nous avions fait une longue pause, l'aimable M. N.... nous conduisit au musée, où il nous montra avec fierté quelques bons tableaux que sa ville natale s'enorgueillit à juste titre de posséder, et parmi lesquels nous distinguâmes un beau portrait de Largilières, un autre de Laurens et la *Bouquetière* de Diaz.

— Ce qu'il faut voir à Fécamp, nous dit-il ensuite, c'est le musée de la distillerie de la Bénédictine. Il est fermé au public à cette heure; mais si vous le désirez, je vais vous y conduire, car j'y entre, moi, quand je veux. M. Legrand, le directeur actuel de la distillerie et le créateur du musée, est mon ami le plus intime.

Nous acceptâmes avec empressement l'offre obligeante de M. N...., et nous vîmes, en effet, une des plus riches collections que l'on puisse trouver en province. Elle est renfermée dans les bâtiments mêmes de la distillerie, où elle occupe un espace considérable; tous les objets qui y sont réunis proviennent de l'ancienne abbaye et du monastère des Bénédictines de Fécamp. Nous y remarquâmes, en particulier, des meubles anciens et des ivoires de toute beauté, des ornements d'église et des calices d'une extrême richesse, des manuscrits d'un prix inestimable.

Même pour celui qui connaît les musées du Louvre et de Cluny, c'est une bonne fortune de trouver réunies tant de magnifiques choses. Mais la vue de toutes ces richesses dérobées à l'oubli par un homme de goût et de cœur, fait songer avec tristesse à tant d'autres trésors dérobés par la tourmente révolutionnaire à l'admiration des amateurs et des artistes.

M. N.... nous quitta en sortant du musée de la distillerie de la Bénédictine; il avait un rendez-vous pour six heures, et il en était cinq et demie.

Nous nous rendîmes sur le port.

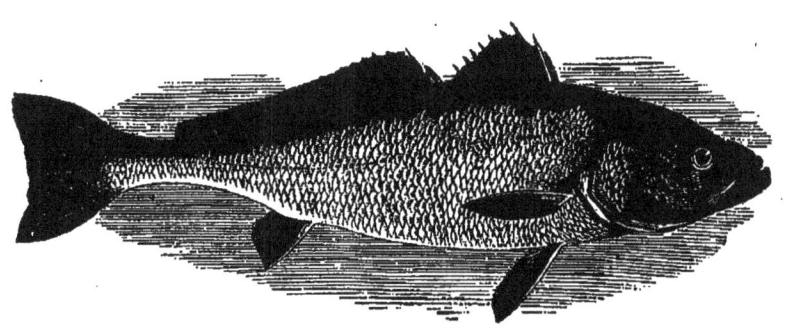

MAIGRE

CHAPITRE XXXIII

FÉCAMP (suite)

Le port. — Les jetées. — Chapelle de Notre-Dame de Port-Salut. Grottes. — Départ de Fécamp. — Yport. — Arrivée à Etretat.

Le port de Fécamp, qui, je l'ai déjà dit, est très important, comprend un avant-port et deux bassins : le bassin de Bérigny et celui de la Retenue, qui se divise lui-même en deux parties, l'une qu'on appelle le bassin Gayant, et l'autre, où débouche la rivière de Fécamp. Ce port possède deux cent cinquante-quatre navires; il est le premier de France pour les armements destinés aux grandes pêches; les importations de bois du Nord et de houille y sont très considérables. Fécamp, d'un autre côté, exporte beaucoup de machines pour les constructions navales. Le mouvement est très considérable sur le quai de la Vicomté, où se font les chargements et les déchargements des navires; il y règne une animation qui ne doit pas être le moindre attrait de la ville pour les personnes qui habitent Fécamp, soit continuellement, soit même en passant.

Du port, nous nous rendîmes, par le pont Henri IV, sur la jetée du sud, jetée beaucoup moins fréquentée que celle du nord, sans doute parce qu'elle est plus éloignée de la partie de la ville habitée par les baigneurs. Les deux jetées, d'ailleurs, sont dans une fort belle situation, tout près de la magnifique falaise appelée cap Faguet.

Quand nous rentrâmes à l'hôtel, nous avions visité tout ce que renferme de curieux l'intérieur de la ville ; mais nous n'avions vu la plage qu'un instant le matin, juste assez pour constater qu'elle était superbe et désirer la mieux connaître.

Nous passâmes la soirée sur la magnifique terrasse, qui s'étend devant les deux principaux hôtels de la plage et au bout de laquelle se trouve le Casino. La vue dont on jouit de cette terrasse est vraiment admirable. Il est peu de plages aussi étendues que celle de Fécamp, et la haute falaise qui domine le port et les jetées est d'un aspect des plus imposants. La chapelle de Notre-Dame du Salut, qui la couronne, s'élève à cent vingt-six mètres d'altitude. De l'autre côté de la plage, au-dessus du Casino, la falaise, moins élevée, est parsemée de chalets habités par les étrangers, qui vus de la terrasse sont d'un charmant effet.

Quand la nuit fut venue, nous entrâmes au Casino, où nous passâmes le reste de la soirée ; il n'y avait pas de fête ce jour-là, mais le salon de conversation était rempli de monde ; nous constatâmes que l'établissement était fort bien installé, mais nous y restâmes peu de temps. Qu'avions-nous à y faire ? nous n'y connaissions personne ; nous rentrâmes de bonne heure.

Le lendemain, nous partîmes de grand matin pour la chapelle de Notre-Dame du Salut. Nous étant rendus sur le port, nous gravîmes le chemin escarpé que nous avions descendu l'avant-veille, chemin fort difficile, que pourtant, paraît-il, les pèlerins montent souvent à genoux.

La chapelle de Notre-Dame de Port-Salut, ou de Bourg-Baudouin, est une jolie chapelle gothique qui fut érigée par Henri Ier d'Angleterre, mais reconstruite au XIIIe ou au XIVe siècle. De la falaise, appelée cap Faguet ou côte de la Vierge, sur laquelle elle est située, on jouit d'une magnifique vue sur la mer et les charmantes falaises d'Yport. Cette chapelle est fréquentée par de nombreux pèlerins. Les pêcheurs de Fécamp, du moins la plupart d'entre eux, ne sortiraient pas du port

POISSONNIERS DE FÉCAMP

sans être montés à la chapelle et s'être mis sous la protection de Notre-Dame de Port-Salut, de même qu'ils ne s'embarqueraient pas sans porter sur eux une médaille représentant d'un côté Notre-Dame, de l'autre, l'image du tabernacle où est renfermé le précieux Sang : médaille bénite dans cette même chapelle de Notre-Dame de Port-Salut.

Mais après avoir accompli le pieux pèlerinage accoutumé, sous l'égide de Marie, armés du précieux talisman, ces hommes s'en vont sans crainte affronter tous les dangers de la mer.

En descendant de la chapelle, nous profitâmes de la marée basse pour visiter les grottes fantastiques que les vagues ont creusées à la base de la partie la plus saillante de la falaise, au lieu dit *le heurt de Fécamp*, grottes qui ont reçu les noms de Trou-au-Chien, Porte du Roi, Porte de la Reine, etc.

Quel saisissant spectacle que celui de ces profondes excavations aux reliefs bizarres et tourmentés, formées par le déchirement de la falaise, résultat de la lutte géante et continue de l'Océan contre la montagne ! L'accès en est difficile, je dois l'avouer ; mais quand nous nous trouvâmes au milieu de ces admirables grottes, nous oubliâmes complètement la peine que nous avions prise pour y arriver. Pour moi, je me crus transporté dans quelque palais de fée. Mais on nous avait avertis de ne pas nous oublier trop longtemps dans ce magique séjour, si nous n'étions tentés d'être faits prisonniers par la jalouse souveraine de ces lieux et de devenir sa proie. En cet endroit, la marée vous surprend facilement. Or, nous n'avions pas l'intention de soutenir contre elle une lutte dans laquelle nous ne pouvions manquer d'être vaincus, aussi ne prîmes-nous que le temps nécessaire pour visiter la falaise, et revînmes-nous aussitôt sur nos pas.

Notre matinée avait été bien employée, nous n'avions plus rien à faire à Fécamp.

Après le déjeuner, nous bouclâmes nos valises et nous nous remîmes en route pour Yport. Nous n'avions guère que pour une heure de chemin en suivant le bord de la mer.

Yport est situé au débouché d'un vallon qui porte son nom ; c'est un petit port d'échouage protégé par une jetée en pierre qui part d'une terrasse où se trouvent les cabines de bains.

GROTTE

CHAPITRE XXXIII

Il n'y a rien de curieux à voir à Yport. Les maisons sont presque uniformément construites en silex et en brique. L'église n'a aucun style ; tous les habitants d'Yport ont participé à sa construction : les uns en donnant l'argent nécessaire pour l'élever, les autres en y travaillant de leurs mains. La plage d'Yport n'est pas belle ; elle se modifie souvent, tantôt le galet est gros et pointu, tantôt il ressemble à du gros sable ; mais nulle part on ne voit tant et de si beaux arbres si près du rivage. Le bois des Hogues descend jusqu'à la mer.

La proximité des bois est le principal charme d'Yport ; mais ce charme est grand, il semble si bon, après avoir pris son bain et passé la matinée sur la plage, de pouvoir s'abriter pendant les chaudes heures du jour sous de beaux et frais ombrages où arrive, avec les pénétrantes émanations des bois, la douce et salutaire brise de mer !

Nous eûmes le temps, avant le dîner, de visiter le village, la plage et même le Casino, dont je ne dirai rien, si ce n'est qu'il ressemble à tous les Casinos des petites stations balnéaires.

Nous couchâmes à Yport.

Le lendemain, à sept heures, nous étions en route pour Etretat. Nous avions rejoint la route de Fécamp et suivions le chemin des voitures. Il est joli, fort joli même, ce chemin, mais les villages qu'il traverse n'offrent aucun intérêt. Enfin, après avoir passé Bordeaux et Saint-Clair dont l'église possède un porche du XIe siècle, nous aperçûmes la mer que nous avions quittée depuis Yport, et après une longue et rapide descente, nous arrivâmes à Etretat.

Etretat ! le pays le plus pittoresque de la côte, celui qui a le mieux inspiré les poètes, dont les peintres ont si souvent représenté les sites enchanteurs ! Etretat, que j'aimais avant de l'avoir vu, que j'aime bien plus encore, maintenant que je le connais !

CHAPITRE XXXIV

ETRETAT

La plage. — Le Casino. — Les falaises. — L'Aiguille. — L'échouage. La criée du poisson. — L'église. — Un coucher de soleil.

Etretat est situé au nord-est du cap Antifer, au débouché de deux vallons qui portent les noms de Grand-Val et de Petit-Val; ces deux vallons se réunissent pour aboutir à la mer, entre deux énormes falaises, hautes d'environ quatre-vingt-dix mètres. La vallée d'Etretat était autrefois barrée par une muraille dont il reste des débris, et une tour qui remonte à Henri IV.

« Le sol, plus bas que le niveau des hautes mers, lisons-nous dans les *Causeries sur la Normandie*, de M. Joachim Michel, est protégé par une digue de galets remués sans cesse par les vagues qui ont rompu plus d'une fois cette faible barrière.

» .... Mais ce n'est pas tout; lorsque la mer ne mord pas, les vallons versent sur le village des eaux torrentielles, qui ont maintefois englouti des maisons remplacées par des constructions nouvelles, qui disparaîtront peut-être à leur tour.

» A diverses reprises, depuis le commencement de ce siècle, des inondations ont désolé ce pays; je citerai seulement l'inondation de 1842, qui a causé de grands désastres sur toute la côte. Le sol disparut sous un lac fangeux; quatre personnes furent noyées, et, lorsque les eaux se retirèrent, elles laissèrent une énorme masse de boues cachant les murailles de quelques petites maisons.

ETRETAT

» Une rivière arrosait la vallée et faisait tourner, il y a deux siècles à peine, les roues de plusieurs moulins; elle a disparu, s'est frayé un cours souterrain et verse ses eaux dans les galets. A mer basse, les femmes creusent des réservoirs et lavent leur linge, en bavardant tant et plus, selon l'antique usage du pays. »

Etretat n'était qu'un modeste hameau complètement inconnu et habité seulement par de pauvres pêcheurs, quand, il n'y a guère plus de quarante ans, il fut, on peut dire, découvert par le peintre Isabey. D'autres artistes, attirés par lui, y vinrent à leur tour. Lepoittevin en reproduisit les sites pittoresques, et ses délicieuses toiles attirèrent sur Etretat l'attention du public. Enfin, Alphonse Karr, admirateur enthousiaste de ce pays qu'il habita longtemps, le vanta tellement dans ses livres, qu'il finit par le mettre tout à fait à la mode. D'élégantes maisons s'élevèrent sur le terre-plein de la vallée et sur le versant des falaises ; elles furent surtout habitées par les artistes et les gens de lettres, qui, du reste, forment encore aujourd'hui la majorité de la population flottante d'Etretat. Quel pays pourrait mieux convenir à ceux qui aiment à peindre ou à décrire la nature que cette plage pittoresque entre toutes ? Ces merveilleuses falaises, avec leurs roches gigantesques, leurs cavernes mystérieuses, ne sont-elles pas bien faites pour éveiller l'inspiration ?

Le modeste hameau d'Alphonse Karr est aujourd'hui une des stations balnéaires les plus fréquentées des côtes de Normandie. Au centre de la plage s'élève un beau Casino; on devrait plutôt dire un vaste Casino, car son manque d'élévation lui donne un aspect lourd et disgracieux. Il paraît qu'on ne doit pas accuser l'architecte, mais les propriétaires voisins qui se sont absolument opposés à ce qu'il leur masquât la vue ; ce qui fût arrivé s'il eût suivi ses premiers plans plus conformes aux lois du bon goût que ceux que là nécessité l'ont forcé d'adopter. Deux promenoirs bitumés règnent, l'un le long du Casino, l'autre au-dessus des galets, plus près de la mer. A droite du Casino est une terrasse de cent mètres de long, en bas de laquelle sont les cabines des propriétaires et celles de l'administration ; celle-ci met sur toute la terrasse des chaises pliantes à la disposition des baigneurs. La partie de la plage qui est à gauche du Casino, est réservée aux pêcheurs. Etretat n'a qu'un port d'échouage; cependant il s'y équipe quelques bateaux pour la pêche du hareng.

Nous ne restâmes à l'hôtel, où nous allâmes en arrivant retenir une chambre et déposer nos bagages, que le temps strictement nécessaire

LAVEUSES D'ETRETAT.

pour changer de linge et nous livrer aux ablutions indispensables, tant nous avions hâte de nous rendre sur la plage.

C'était justement l'heure du bain, tout Etretat y était rassemblé; mais notre attention — je devrais dire la mienne, car je ne sais si Charles fut impressionné absolument comme moi, — mon attention, dis-je, ne se porta guère alors sur les nageurs émérites dont les exploits excitaient l'admiration des spectateurs répandus sur la plage, ni sur les groupes nombreux formés par ces derniers, et où se trouvaient pourtant, je l'ai constaté depuis, de bien élégantes jeunes femmes et de bien beaux enfants ; elle ne fut pas attirée davantage par les toilettes un peu excentriques des artistes dont Etretat est le rendez-vous. Non, je l'avoue, au premier moment je ne vis rien autre chose qu'un magnifique tableau, le paysage le plus pittoresque qu'on puisse admirer.

La digue de galet fortement en pente, qui protège Etretat contre les envahissements de la mer, forme un arc de cercle terminé de chaque côté par une haute falaise calcaire, dans laquelle la mer a percé une porte naturelle ; ces falaises, rongées sans cesse par la vague, ont pris les formes les plus bizarres. La célèbre aiguille d'Etretat, haute de soixante-sept mètres, espèce d'obélisque dont la base est soudée à des rocs sous-marins, se dresse près de la porte d'aval ; près de celle d'amont s'élève l'énorme monolithe qu'on nomme aiguille de Belval. Rien n'égale l'effet de ces gigantesques et pittoresques falaises. La mer était forte ; la vague qui montait en grondant battait contre le rocher avec un épouvantable fracas. Devant ce grandiose spectacle, je restai quelque temps immobile, plongé dans une méditation profonde dont je fus tiré, bien à regret, par la voix de Charles, qui, s'étant éloigné de moi quelques instants, revint en me disant :

— Viens donc voir ce que c'est que cela.

Il me conduisit alors vers de vieilles embarcations qui, appuyées sur des cales et couvertes de chaume, servent de magasins aux pêcheurs. On les appelle des caloges ; elles sont assez nombreuses sur la plage, où elles font un effet très pittoresque.

Etretat n'est, je l'ai dit, qu'un port d'échouage. Les marins tirent leurs bateaux sur la grève à force de bras.

CHAPITRE XXXIV

Nous vîmes échouer ainsi un joli bateau pêcheur ; il contenait un superbe chargement que l'on vendit aussitôt à la criée.

Un grand nombre de baigneurs se réunirent autour de la table sur laquelle on avait placé le poisson, et les enchères commencèrent et se poursuivirent avec un entrain véritablement extraordinaire. Toutes les personnes alors sur la plage, hommes, femmes, enfants, étaient accourues pour assister à la criée.

La vente à la criée est une des distractions des baigneurs.

Le dernier lot de poisson venait d'être adjugé quand onze heures sonnèrent ; nous nous acheminâmes aussitôt vers l'hôtel.

Après le déjeuner, nous voulûmes visiter l'église. Nous avions remis au lendemain la visite des falaises, ou plutôt d'une des falaises, car nous avions décidé de leur consacrer deux jours ; nous désirions être absolument frais et dispos pour entreprendre une promenade longue et fatigante, en même temps que curieuse et pleine d'attrait.

L'église Notre-Dame d'Etretat, située à l'extrémité du pays, près du Petit-Val, est comptée au nombre des monuments historiques ; elle appartient au style roman, et reproduit, en partie et en petit, l'ancienne église abbatiale de Fécamp ; on croit qu'elle fut construite par les mêmes architectes.

L'arcade du portail est supportée par des colonnettes dont les chapiteaux sont richement ornés de personnages parfaitement sculptés. Une corniche de corbeaux historiés couronne tout l'édifice. A l'intérieur, la nef offre un curieux spécimen de l'architecture romane rustique. Le chœur et le transept sont du XIIIe siècle. A gauche et à droite du chœur, on peut remarquer de beaux vitraux ; à l'arcade du crucifix, sont placés deux bas-reliefs dont l'un représente des arbres et l'autre des animaux. Un charmant escalier conduit aux cloches. La plus belle partie de l'église est la lanterne ; supportée par quatre piliers à colonnettes, elle est très hardiment jetée, et répand dans l'église le jour mystérieux qui convient si bien à la maison de prière.

On attribue la fondation de l'église d'Etretat à une noble et pieuse dame nommée Olive, qui, en se baignant, faillit être surprise par les Sarrazins, et promit de bâtir une église si elle leur échappait. Etant parvenue à fuir, elle remplit religieusement sa promesse.

L'église est le seul monument d'Etretat. Après l'avoir visitée, nous retournâmes vers la plage, alors presque déserte, vu qu'il était encore d'assez bonne heure et que c'est seulement vers quatre heures que les baigneurs commencent à s'y montrer ; c'est l'heure de la promenade, ou plutôt c'est l'heure de la plage. Durant les premières heures de l'après-midi, chacun reste chez soi et s'occupe suivant ses goûts ; ou bien encore, on fait une excursion sur les falaises ou dans les environs d'Etretat ; mais à quatre heures, tout le monde se retrouve en bas de la terrasse du Casino. Les amis se réunissent ; on lit le journal, on cause des affaires du jour ou des nouvelles du pays, on forme des projets pour le soir ; les enfants jouent sur le sable, les dames et les jeunes filles brodent ou font de la tapisserie. Chaque groupe forme un salon, mais un salon intime où personne ne songe à briller.

C'est un tableau fort animé que celui de la plage à cette heure, et il l'est bien davantage encore quand la mer permet de se baigner, car une grande distraction est alors offerte aux habitués du lieu, c'est celle des nageurs et des charmantes baigneuses, qui, sous la surveillance des maîtres nageurs, les Zéphyrs père et fils, exécutent de véritables prodiges.

Nous n'eûmes pas la chance de jouir de ce spectacle ; mais nous passâmes deux heures bien agréables et bien courtes à considérer les vagues beaucoup plus fortes alors qu'elles n'étaient le matin, à plonger nos regards dans l'espace, et à laisser errer notre pensée dans les champs immenses des lointains inconnus.

MARCHÉ AUX POISSONS (*Tableau de Bassan*)

CHAPITRE XXXIV

Je dis nous, sans cependant vouloir affirmer que les idées de Charles aient été alors à l'unisson des miennes. La rêverie n'est guère l'élément de mon ami; je crois qu'il respecta ma muette admiration sans la partager complètement, ce dont je lui sais un gré infini.

Le soir après le dîner, étant retournés sur la terrasse du Casino, nous assistâmes à un coucher du soleil comme je n'en avais encore jamais vu. Chacun sait combien les couchers du soleil sont beaux sur le bord de la mer; mais à Etretat ils sont vraiment merveilleux.

Assis sur la plage, nous avions le soleil juste en face de nous; à mesure qu'il descendait, les vagues se coloraient d'une teinte rouge d'un ton de plus en plus vif; en même temps ses rayons, se projetant sur la falaise d'amont, la baignaient de leurs feux éclatants; elle semblait embrasée pendant que celle d'aval, restée dans l'ombre, formait avec elle une harmonieuse opposition.

L'effet était magique.

Mais cela dura peu. L'astre descendait toujours; d'instant en instant, ses rayons diminuaient d'intensité. Bientôt nous ne vîmes plus qu'un globe lumineux suspendu au milieu des flots; puis ce globe de feu disparut à son tour, noyé dans les eaux qu'il colora quelques instants encore d'une jolie teinte rosée; enfin, cette teinte elle-même ne tarda pas à s'effacer, et la mer reprit sa nuance vert sombre. Une sorte de voile transparent s'étendit sur toute cette nature, un instant auparavant éblouissante de clarté. C'était le crépuscule, le crépuscule précurseur de la nuit qui devait bientôt dérober à nos yeux les merveilles dont ne pouvaient s'assouvir nos regards.

Nous restâmes sur la plage longtemps après que le jour eut complètement disparu. La lune ne devait pas se lever ce soir-là; mais nous vîmes les étoiles s'allumer une à une dans le ciel, où bientôt elles brillèrent par milliers.

La nuit, le silence, les étoiles, tout cela prête à la rêverie....
Nous étions seuls sur la plage, minuit sonnait au Casino, quand
Charles me rappela qu'il était temps de rentrer.

— Déjà? lui dis-je en me levant.

— Il est minuit, répondit-il.

— Et tu as veillé si longtemps?

— Je dormais, reprit tranquillement mon ami.

CHAPITRE XXXV

ETRETAT (suite)

La falaise d'aval. — Le fort de Fréfossé. — Le Trou-au-Chien. — Les Piscines. — La porte d'aval. — La Manneporte. — Le Trou-à-l'Homme. — Le Petit-Port. — La Chambre-aux-Demoiselles. — La falaise d'amont. — La chapelle de Notre-Dame de la Garde. — Le banc à Cuve. — Le Chaudron. — La roche de Vaudieu.

Le lendemain, nous commençâmes la visite des falaises. Notre hôte nous ayant conseillé de nous faire accompagner dans cette promenade par une personne qui connût bien le pays, nous entrâmes, je pense, dans ses intentions en louant pour guide un de ses cousins, enfant de quinze ans, élevé à Etretat, et qui connaissait les plus petits creux de rocher et pouvait nous dire le nom de chaque pierre de la falaise. (A Etretat, la moindre pierre a un nom.)

Nous commençâmes par la falaise d'aval. Après avoir gravi un joli chemin, le long duquel nous avions rencontré plusieurs belles maisons de campagne, nous nous trouvâmes près de restes de murailles qui portent le nom de fort de Fréfossé; ces murailles dépendaient d'une forteresse dont faisait partie *la Chambre-aux-Demoiselles*. Le fort de Fréfossé est défendu du côté de la mer par un mur naturel de rochers, haut de trois cents pieds ; et le seul point par lequel on puisse y parvenir par terre, est lui-même protégé par une coupure de deux cents pieds de profondeur. Les châtelains attaqués par l'ennemi se réfugiaient dans cette citadelle ; un souterrain, nommé *le Trou-au-Chien*, leur permettait, dit-on, d'établir des communications entre le fort et le château, en dépit des assiégeants qui campaient au-dessus.

Tournant à droite, nous parvînmes bientôt à la pointe de la batterie. De là on aperçoit, à droite, un vaste hémicycle, et au bas les fontaines, dites *Piscines,* dominées par la Manneporte, la porte d'aval et l'Aiguille ; à gauche, la vue s'étend jusqu'au cap Antifer. Continuant notre chemin, nous descendîmes dans une valleuse où se trouvent un poste de douaniers et la cabane du télégraphe sous-marin ; remontant ensuite la valleuse, nous passâmes devant des grottes naturelles, et, prenant le chemin des Fermes, nous aboutîmes à la route du Havre.

Ce que nous avions vu jusque-là était fort beau, mais nous n'avions encore aperçu que de loin ce qui surtout excitait notre curiosité ; il nous restait à visiter le pied de la falaise, et, comme la mer était basse, nous pûmes entreprendre immédiatement une promenade qu'on nous avait recommandée comme une des plus intéressantes d'Etretat.

Nous revînmes sur la plage, et, nous dirigeant sur la droite, nous traversâmes une véritable mer de galets qui nous conduisit sur des rochers ; marchant non sans difficulté sur la mousse glissante dont ils sont couverts, nous avançâmes jusqu'au *Trou-à-l'Homme*. On appelle ainsi une belle grotte pavée de roches blanches, polies comme du marbre, recouvertes de sable excessivement fin et dont les murs sont entièrement tapissés de mousse. Un instant après, nous étions devant la porte d'aval. Nous avions déjà admiré de la plage et du haut de la falaise le magnifique portail en ogive ouvert par les vagues à l'extrémité de cette même falaise ; vue de près, elle produit un effet plus saisissant encore. Au-dessous de la porte est l'excavation connue sous le nom de Trou-au-Chien; à côté s'élève la fameuse Aiguille d'Etretat.

Après avoir passé sous la porte d'aval, nous nous trouvâmes au milieu d'un cirque naturel appelé *le Petit-Port*, et une seconde porte, immense et magnifique, quoique moins grande que celle d'aval, la Manneporte, se dressa devant nous. Lorsque nous l'eûmes passée :

— La falaise continue à pic jusqu'au cap Antifer, nous dit notre guide; si vous voulez, nous allons maintenant nous rendre à la Chambre-aux-Demoiselles.

Il nous fit alors repasser sous la Manneporte, et, s'engageant dans une valleuse dont l'aspect nous donna un léger frisson, tant elle semblait raide et difficile,

— Tenez-vous bien, Messieurs, dit-il en nous montrant une corde placée le long du sentier dans le but d'en faciliter la montée, et surtout la descente, aux douaniers et aux pêcheurs.

Nous tînmes compte de l'avis, et, malgré tout, ce ne fut pas sans peine que nous arrivâmes au haut de la falaise, élevée en cet endroit de quatre-vingt-cinq mètres. Mais nous n'étions pas au bout de notre course. La Chambre-aux-Demoiselles est une grotte taillée dans la partie supérieure d'une aiguille isolée, assise sur deux pics qui dominent le trou; pour y arriver, nous dûmes passer sur une arête placée entre deux précipices. Nous fûmes heureusement récompensés de notre peine par la magnifique vue dont nous jouîmes en arrivant à la grotte. Les demoiselles de la légende parfaitement oubliée aujourd'hui, auxquelles cette grotte doit son nom, avaient certes choisi, pour y établir leur demeure, un merveilleux emplacement.

A droite de la Chambre-aux-Demoiselles, notre guide nous fit remarquer un vaste trou en terre; c'est la chaudière qui, dit la légende, servait autrefois de récipient à des sorcières pour faire bouillir leurs philtres maudits.

— Je crois, nous dit alors l'enfant, vous avoir montré tout ce que vous aviez à voir sur cette falaise; visiterez-vous aujourd'hui celle d'amont?

— Non, m'empressai-je de lui répondre; nous n'avons, pour le moment, plus besoin de vos services.

Et je lui glissai une pièce de monnaie dans la main.

Après m'avoir remercié :

— Si demain ou un autre jour ces Messieurs veulent faire quelque excursion, je suis à leur disposition, dit-il.

Et, nous tirant poliment sa casquette, il s'éloigna du côté d'Etretat.

Nous nous assîmes sur le bord d'un rocher d'où nous pouvions contempler à l'aise le magnifique panorama qui se déroulait à nos pieds. Nous nous y trouvâmes si bien que nous n'en partîmes que pour rentrer dîner.

La soirée fut fort belle; nous la passâmes sur la terrasse du Casino, où je rencontrai un de mes amis arrivé de Paris la veille. Il me donna des nouvelles de nos connaissances communes, puis s'informa de ce que j'avais fait depuis la dernière fois que nous nous étions vus, deux ou trois jours avant mon départ de Paris.

Ernest Dufour va depuis dix ans à Etretat, aussi en connaît-il chaque habitant et est-il connu de tous. Il se promena sur la terrasse avec nous pendant plus d'une heure : il nous apprit les noms de presque toutes les personnes qui s'y trouvaient ce soir-là; parmi ces noms, il y en avait beaucoup de célèbres, soit dans les lettres, soit dans les arts.

— Je m'étonne, dit-il tout à coup, de n'avoir pas rencontré Diaz.

— Il est ici ?

— Certainement. Serais-tu désireux de faire sa connaissance ? Rien de plus facile, je suis très lié avec lui et avec toute sa famille.

CHAPITRE XXXV

— Hélas, répondis-je, je n'avais que trois jours à donner à Etretat, et en voilà déjà un de passé.

— Eh bien, nous irons chez Diaz demain.

— Mais il ne me connaît pas; je ne puis ainsi tout de suite....

— Des cérémonies à Etretat! mais à quoi penses-tu, mon cher?

Le lendemain matin, Ernest vint nous trouver de bonne heure, mais il m'apportait une mauvaise nouvelle. Diaz était parti la veille pour une excursion qui devait, paraît-il, durer une huitaine de jours. Je fus, je l'avoue, fort désappointé.

Ernest nous emmena déjeuner à son hôtel. En sortant de table, nous nous rendîmes à la falaise d'amont. Naturellement, cette fois, Ernest était notre guide; il nous fit prendre, un peu au delà du Casino, un sentier de chèvres qui nous conduisit directement à Notre-Dame de la Garde. Cette chapelle, édifiée sur la côte du Mont en 1856, est située à quatre-vingt-six mètres d'altitude; comme architecture, elle n'a rien de remarquable, mais sa situation est admirable, et elle est un nouveau témoignage de la piété des marins.

En sortant de la chapelle, nous nous dirigeâmes vers le sémaphore. Arrivé près de la première cabane de douanier, Ernest s'arrêta et nous proposa de descendre au bas de la falaise; il voulait, disait-il, profiter de la marée basse pour nous faire faire une promenade dont nous serions ravis. Nous acceptâmes sa proposition, et une valleuse taillée dans le roc, la valleuse d'amont, nous conduisit au banc à *Cuve* (tel est le nom donné à la base de la falaise). Ernest nous fit remarquer, tout à côté, la petite crique du *Chaudron,* aujourd'hui presque entièrement comblée par l'éboulement de la falaise. Cette crique, qui doit son nom à sa forme ronde, est une sorte de lanterne percée à jour. Un certain nombre d'habitants d'Etretat étaient réunis en cet endroit, excellent, paraît-il, pour la pêche de l'éperlan.

— A la mer montante, nous dit Ernest, on ne peut mieux qu'ici la voir déferler et se briser sur la falaise. Maintenant, ajouta-t-il en nous montrant sur la droite un magnifique rocher, voici la roche de Vaudieu; c'est là que la belle Anténolle allait attendre son fiancé.

— Qu'est-ce que la belle Anténolle?

— La fiancée du brave Taillemer.

— Conte-nous leur histoire.

— Je le veux bien, dit Ernest. Asseyons-nous sur cette pierre. Il commença.

CHAPITRE XXXVI

ETRETAT (suite)

Histoire de Taillemer et d'Anténolle. — Le Trou-à-Romain. — L'Aiguille de Belval. — Le banc Sainte-Anne. — Benouville. — Une ferme sur la falaise.

— Taillemer et Anténolle habitaient le même hameau, un petit hameau de Normandie, niché entre les falaises, que je soupçonne fort d'être devenu plus tard le charmant village d'Etretat. Il était à l'âge où l'adolescent devient homme ; elle avait seize ans.

» Nul n'était plus beau pour Anténolle que son ami Taillemer ; Taillemer n'avait d'yeux que pour sa chère Anténolle.

» Anténolle était la fille d'un vieux marin qui, après avoir voyagé dans tous les pays du monde, s'était retiré dans son village quand l'âge l'avait forcé de quitter son état.

» La mère d'Anténolle était morte en lui donnant le jour, laissant pour fortune à sa fille une petite boîte bien fermée et une lettre cachetée. Cette lettre, que l'enfant devait lire elle-même, quand elle serait assez savante, ordonnait à Anténolle de n'ouvrir la boîte que le jour de son mariage.

» Taillemer était un orphelin que les pêcheurs d'Etretat avaient adopté. Il portait bonheur, disait-on ; ce qui fait que les patrons se disputaient à qui l'aurait à son bord.

» Tout petit, Taillemer sut filer l'écoute et amorcer les lignes ; bientôt il connut tous les secrets de l'amarrage.

» A vingt ans, on l'appelait le brave Taillemer.

» Avec le prix de ses parts, il acheta une embarcation.

» Les mauvais temps ne l'effrayaient pas ; aussi quand les autres restaient à la maison, prenait-il, malgré tout, la mer et faisait-il des pêches miraculeuses.

» Anténolle venait d'atteindre sa quinzième année ; elle était plus belle qu'aucune fille de la côte ; elle était habile entre toutes pour faire l'étoupe et le rêt, quand son père consentit à la fiancer à Taillemer.

» Peu après, le vieillard mourut. Avant de partir pour le grand voyage, il fit à Taillemer de sages recommandations :

» — D'abord, lui dit-il, ne va pas confondre le rivolet avec la brise ; ensuite prends le temps pour voile, et la patience pour gouvernail. N'oublie pas ces deux avis au moins. Toute la sagesse du marin tient là-dedans.

» Anténolle, après avoir bien pleuré son père, essuya ses larmes.

» En attendant l'époque de leur mariage, le brave Taillemer continuait à naviguer et Anténolle à filer.

» Anténolle eût bien voulu que Taillemer restât toujours au village ; elle était simple et quelque peu jalouse. Taillemer, lui, aimait la mer, et, de plus, il était ambitieux ; il voulait faire à sa fiancée un beau cadeau de noces.

» Un jour que, dominé par ses pensées ambitieuses, Taillemer s'était enfoncé dans les rochers, un ancien marin sortit du Trou-à-l'Homme et lui conseilla d'aller à la conquête de la perle bleue.

» — Quand on possède la perle bleue, lui dit-il, on a la richesse et la puissance, et, de plus, on est sûr d'être toujours aimé. Les prêtresses de l'île de Sein en possèdent une, dit-on ; il s'agirait de se la procurer, mais l'entreprise n'est pas sans difficulté, ni même sans danger.

» — Je ne crains ni l'un ni l'autre, dit Taillemer.

» Taillemer fit ses adieux à Anténolle, qui pleurait et voulait le détourner de son projet, et partit à la recherche de la perle bleue.

» Il voyagea longtemps ; mais, après de nombreuses et périlleuses aventures, il ne rapporta au pays qu'une branche de verveine, symbole de l'amour du sol natal.

» Cependant la perle bleue l'attendait au logis.

» A peine de retour, il épousa sa chère Anténolle.

» Le soir des noces, la jeune épouse ouvrit respectueusement la boîte que lui avait léguée sa mère. Elle contenait la perle précieuse que Taillemer avait été chercher si loin. Anténolle l'offrit à Taillemer avec son cœur, dont elle n'était que l'imparfaite image.

— La légende est charmante, dis-je, quand Ernest eut cessé de parler.

— N'est-ce pas?

— C'est une des plus jolies d'entre les poétiques fictions de ce romantique séjour.

— Maintenant, dit Ernest en se levant, nous allons, si vous le voulez, continuer notre route ; car nous avons encore bien des choses à voir aujourd'hui. Voilà d'abord le Trou-à-Romain. Maintenant, l'énorme monolithe que vous avez devant vous est l'Aiguille de Belval ou de Bonneval. Elle est aujourd'hui, vous pouvez vous en rendre compte, à plus d'un kilomètre de la falaise, et pourtant elle en faisait autrefois partie ; la vague l'en a violemment détachée, et depuis, la mer a tellement rongé sa base de craie, qu'on se demande comment cette masse énorme, dont la forme est, vous le voyez, celle d'une pyramide renversée, peut conserver son équilibre. Un jour, sans doute, elle disparaîtra dans le sein de l'Océan, de cet élément perfide qui, non content de dévorer la pierre, sert souvent à l'homme de tombeau. Voyez ce banc de sable ; c'est le banc de Sainte-Anne, célèbre par le naufrage du marquis de Créqui en 1766.

Ernest voulut ensuite nous faire visiter les deux tunnels creusés sous la falaise. Ayant traversé le plus petit, nous continuâmes, en inclinant toujours à gauche, jusqu'à la porte d'amont, que l'on ne peut malheureusement jamais traverser à pied sec. C'est près de cette porte que l'on jouit le plus complètement du spectacle de la vague venant se briser contre la falaise. Le grand tunnel, sous lequel nous nous engageâmes bientôt, est long de six cent quarante-sept mètres cinquante ; nous mîmes un quart d'heure à le traverser. Il nous conduisit à trois cents mètres de l'église dans le Petit-Val. Ce tunnel a une grande utilité ; il a été construit pour mener à la mer les eaux qui autrefois, après les orages, se réunissaient à celles de la vallée de Beuzeville pour inonder Étretat.

— Demain, nous dit Ernest, nous continuerons à visiter la falaise ; il est trop tard pour essayer d'aller aujourd'hui jusqu'à Benouville.

Pour occuper la fin de la journée, nous montâmes au donjon. On appelle ainsi une jolie propriété toute moderne, construite dans le style moyen âge, avec donjon et tourelles, et située tout en haut de la falaise du Petit-Val, dans une admirable position. Nous redescendîmes ensuite à Etretat par une route charmante, de laquelle on découvre tout le pays, et comme les jours précédents, nous terminâmes notre après-midi sur la plage.

Le lendemain, nous nous rendîmes directement au sémaphore. Avant de nous diriger vers Benouville, nous descendîmes à la Fontaine-aux-Mousses. L'escalier qui y conduit et qui a été taillé dans le roc, a

UN NAUFRAGE (*Tableau de Joseph Vernet*)

CHAPITRE XXXVI

plus de trois cents marches; mais la vue de la pittoresque et poétique fontaine située dans le creux de la falaise, tout au bord de la mer, ne nous permit pas de regretter le pénible exercice auquel nous avions dû nous livrer pour arriver jusque-là.

Benouville n'a rien de remarquable que sa position près de la mer dans une vallée délicieuse, ce qui en fait un charmant but d'excursion pour les voyageurs et les baigneurs d'Etretat.

Ce qui nous frappa le plus dans ce village, c'est son église sans clocher, chose bien extraordinaire en Normandie.

Après nous être reposés quelques instants à Benouville, nous reprîmes le chemin d'Etretat; mais avant d'y rentrer, Ernest nous conduisit à une belle ferme située sur le plateau de la falaise, à peu de distance du village, et qui est bien connue des promeneurs d'Etretat.

Je fus frappé d'admiration en apercevant autour de la maison, si près de la mer, des arbres qui seraient partout remarqués pour leur vigueur extraordinaire. Depuis plus d'un siècle, ils résistent aux orages, et le vent de mer, qui sur tant de côtes tue toute végétation, est à peine parvenu à contourner leurs branches, dont les formes bizarres attestent la lutte soutenue par ces géants du monde végétal contre le terrible ennemi dont ils ont triomphé.

Quand nous arrivâmes à la ferme, un artiste installé devant la maison peignait une petite mare encadrée de verdure où s'ébattaient de jeunes canards, et au bord de laquelle se promenaient poules, dindons et autres volatiles; un peu plus loin, une jeune fille, un album à la main, copiait un autre coin de la cour. Ernest, qui semblait être bien connu de la fermière, lui demanda la permission de nous reposer dans le jardin, et la pria de nous faire donner à chacun une tasse de lait.

La chaleur était accablante; nous nous assîmes à l'ombre, en face de la maison, et pendant quelque temps nous restâmes tous trois silencieux. Il faisait si bon reprendre haleine, après une promenade fatigante, dans cet endroit charmant, au milieu de ce calme et de cette verdure.

— Prend-on des pensionnaires? demandai-je tout à coup à Ernest.

Il me regarda tout étonné.

— Où donc? dit-il.

— Mais ici.

— Je ne crois pas.

— Quel malheur !

— Pourquoi cela? Est-ce que tu ne pars pas après demain pour le Havre?

— C'est vrai, mais une autre fois.... J'espère bien revenir un jour à Etretat. Il me semble qu'ici je serais parfaitement heureux.... Si du moins, repris-je après quelques instants de silence, je n'avais pas oublié mon album, j'emporterais un souvenir de ce charmant endroit.

Nous n'étions qu'à quelques pas de la jeune artiste dont j'ai parlé ; son père, assis près d'elle, entendit mes paroles.

— Monsieur, me dit-il, si vous voulez du papier et des crayons, je puis vous en offrir.

Il prit dans un carton, posé entre lui et sa fille, les objets en question et me les apporta.

Je me levai pour le remercier.

— C'est inutile, Monsieur de Lussac, me dit l'étranger ; je suis enchanté de vous rendre service.

Je le regardai avec surprise.

— Vous me connaissez? lui demandai-je.

— Je vous ai vu souvent chez votre tante, Mme Lavergne, quand je donnais des leçons à sa fille.

CHAPITRE XXXVI

— Vous êtes le professeur de dessin de ma cousine Pauline ? En effet, maintenant je vous reconnais. Que faites-vous donc en Normandie, Monsieur Durand ?

— Je suis en vacances chez la marraine de ma fille, Mme ***, qui possède à Etretat un fort joli chalet.

— Et vous venez souvent ici ?

— Presque chaque jour.

Tout en parlant, je commençais à esquisser une vue de la ferme.

— Je ne m'étonne pas, dis-je à M. Durand, qu'il y ait beaucoup de peintres à Etretat. Les artistes doivent rechercher un pays aussi pittoresque ; pour moi, qui ne suis qu'un simple amateur, il me semble que, si je demeurais ici plus longtemps, je voudrais m'adonner entièrement à un art qui permet de reproduire les merveilles que la nature met à profusion sous nos yeux dans ce pays privilégié.

Je continuais à dessiner, et nous causions toujours. Quand mon croquis fut achevé, je rendis les crayons à M. Durand, en le remerciant de nouveau. Il me présenta à sa fille, qui, elle aussi, avait cessé de travailler et à qui je fis de sincères compliments sur le dessin qu'elle venait de terminer.

— Vous m'avez rendu un grand service, Monsieur, dis-je à l'excellent homme en le quittant, en me permettant d'emporter un souvenir d'une promenade qui peut-être influera sur toute mon existence ; je vous en conserverai toujours une réelle reconnaissance.

Ma vocation artistique commençait dès lors à germer ; produirait-elle des fruits ? Je l'ignorais ; mais mon imagination entrevoyait des horizons inconnus ; j'avais longtemps cherché ma voie, il me semblait l'avoir enfin trouvée.

Nous quittâmes la ferme. Durant le court trajet que nous avions à parcourir pour retourner à Etretat, mes amis me reprochèrent à diverses reprises mon mutisme obstiné; mais mon esprit était trop plein pour permettre à ma pensée de se manifester au dehors. Les merveilles que je voyais depuis deux jours me causaient une sorte d'éblouissement ; j'étais dans un état physique et moral qui pourrait se définir : l'ivresse de l'admiration.

C'était mon premier voyage, il ne faut pas l'oublier.

Nous devions quitter Etretat le lendemain. Ernest Dufour dîna avec nous ce soir-là.

Pendant tout le temps du repas, je ne pus entretenir mes amis d'autre chose que d'Etretat, et du plaisir que j'avais éprouvé à visiter ses pittoresques falaises; mais la parole m'était revenue, et je m'exprimais, paraît-il, avec une grande volubilité.

— Tu as eu bien raison, dis-je à Ernest, de prendre des habitudes ici ; tu ne pouvais choisir une plage plus agréable.

— Et dire qu'il a été question de construire un port militaire à Etretat !

— Est-ce possible?

— Mais oui. La rade est d'un excellent fond et pourrait offrir un refuge aux bâtiments chassés par la tempête ou par l'ennemi, si on la mettait à l'abri des vents de sud-ouest et de nord-ouest.

— J'espère bien qu'on ne reprendra jamais un pareil projet.

— Il faut l'espérer, en effet, dans l'intérêt des voyageurs, des artistes et des poètes....

— J'ai envie de vous conduire demain matin jusqu'au cap Antifer, nous dit Ernest au moment de nous quitter ; ce sera pour moi une promenade, et je pourrai vous être utile, car je connais parfaitement le pays.

— Vous êtes chasseur? demanda Charles à Ernest.

— Certainement.

— Moi aussi, reprit Charles avec un soupir.

CHAPITRE XXXVI

— Et vous auriez bien voulu tirer quelques mouettes.
— Je l'avoue.
— J'emporterai mon fusil et vous prierai de vous en servir.
— Je ne voudrais pas vous en priver.
— Bah! je vais à Antifer presque toutes les semaines.
— Alors j'accepte avec plaisir, dit Charles, joyeux.

CHAPITRE XXXVII

D'ETRETAT AU HAVRE

Adieux à Etretat. — Le cap Antifer. — Le roc aux Guillemots. Bruneval. — Saint-Jouin.

Nous partîmes d'Etretat le lendemain matin de bonne heure. Nous nous rendîmes directement à la Chambre-aux-Demoiselles ; je voulais monter sur le plateau dont j'ai déjà parlé, afin de jouir encore une fois du magnifique point de vue qu'on y découvre et dire adieu à ce délicieux pays d'Etretat dont je m'éloignais avec tant de regret.

Nous continuâmes ensuite à suivre la crête de la falaise, en inclinant toujours un peu vers la gauche; bientôt nous nous trouvâmes à l'entrée d'un petit ravin, à partir duquel le chemin devint assez difficile. Il nous fallut descendre et remonter plusieurs fois par des sentiers rapides et fatigants avant d'arriver au cap Antifer. La falaise est, en cet endroit, haute de cent dix mètres.

Nous nous assîmes près du sémaphore, construit sur le point le plus culminant du cap; position admirable, d'où nos regards, embrassant une immense étendue, pouvaient apercevoir, de loin, d'un côté, les pays déjà parcourus et aimés, de l'autre, ceux vers lesquels nous mar-

CHAPITRE XXXVII

chions et qui avaient encore pour nous l'attrait toujours si grand de l'inconnu.

Quand nous fûmes un peu reposés, Ernest nous proposa de descendre visiter les grottes fantastiques et célèbres du cap Antifer, retraites sauvages et mystérieuses où les mouettes et autres oiseaux

GROTTE ET FALAISE

de mer ont depuis plusieurs siècles établi leur demeure et d'où le chasseur est presque toujours impuissant à les déloger. Ce n'est pas sans peine que nous descendîmes sur le bord de la mer, car le chemin qui y conduit est fort mauvais; mais Ernest et Charles sont chasseurs, et quant à moi, je ne crains pas les difficultés de la route quand je me sens attiré vers le but; or, j'avais la plus grande envie de visiter les grottes sauvages d'Antifer. Leur vue ne trompa pas mon attente ; elles méritent tous les éloges qu'on leur a prodigués. Mais pendant que je me livrais aux graves et sérieuses pensées que m'inspirent toujours les grands spectacles de la nature, mon ami Charles sentait se réveiller en lui tous les instincts du chasseur, sevré depuis plusieurs mois de son plaisir favori ; les magnifiques rochers aux formes hardies et bizarres, les profondes et mystérieuses cavernes qui me faisaient rêver, ne disaient rien à son imagination : dans les anfractuosités de la roche, il cherchait les mouettes et les goélands ; de la grotte, il croyait à chaque instant voir sortir l'oiseau qu'il guettait.

Il désespérait déjà de pouvoir essayer le fusil dont Ernest s'était si obligeamment dessaisi en sa faveur, quand celui-ci nous dit :

— Maintenant, je vais vous conduire au roc aux Guillemots ; c'est là que M. Charles pourra satisfaire sa passion dominante.

Nous nous dirigeâmes aussitôt vers le point si connu des chasseurs de la côte.

— Voyez-vous, nous dit Ernest, en nous indiquant des hauteurs inaccessibles, c'est dans les parois les plus élevées de la falaise que le guillemot fait son nid ; là, il n'a rien à craindre pour ses jeunes couvées. Mais regardez du côté de la mer, ou plutôt.... Le ciel nous favorise. Voyez-vous cet oiseau, gros à peu près comme un pigeon, qui vole lourdement à fleur d'eau, c'est un guillemot.

Déjà Charles avait ajusté son fusil ; un coup de feu retentit : l'oiseau tomba sur un point du rivage, d'où la mer était à peine retirée. Charles, joyeux, courut ramasser sa victime. Au même moment, plusieurs guillemots s'abattirent sur la plage. Ayant rechargé son fusil à la hâte, Charles eut le bonheur d'en abattre un second.

— Assez de victimes, lui dis-je alors ; il est tard et nous devons déjeuner à Bruneval.

— C'est vrai, reprit Ernest. Nous allons remonter sur la crête de

FALAISE ET REPAIRE D'OISEAUX

la falaise; vous continuerez à la suivre pendant que je reprendrai le chemin d'Etretat.

Arrivés au point où nous devions nous séparer, Ernest nous souhaita bon voyage, nous serra la main et nous donna rendez-vous à Paris ; puis, Charles et moi, nous nous acheminâmes vers Bruneval, nouvelle station de bains dont on nous avait beaucoup vanté la pittoresque et enchanteresse position. Il nous fallut à peine une heure pour nous y rendre.

Notre premier soin en y arrivant fut d'aller déjeuner, après quoi nous nous rendîmes sur la plage. Elle ressemble beaucoup à celle d'Etretat ; c'est une plage de galets entourée de magnifiques falaises.

Nous y restâmes peu de temps, puis nous regagnâmes la route du Havre pour nous rendre à Saint-Jouin ; mais pour rejoindre cette route, nous traversâmes un pays magnifique. Rien n'est plus ravissant que la gorge de Bruneval. Des sources, des fontaines, une luxuriante végétation, et avec tout cela la mer, que peut-on désirer de plus ?

Après avoir traversé le village de la Poterie, nous arrivâmes à Saint-Jouin.

Saint-Jouin est un village de pêcheurs. Quoiqu'il ne se trouve pas absolument sur le bord de la mer, à laquelle on se rend par une valleuse tracée entre des falaises, le pays est si beau, ses environs si pittoresques, que grand nombre d'artistes s'y rendent chaque année ; on peut s'en convaincre en visitant la collection que possède le propriétaire de l'*Hôtel de Paris*, laquelle comprend des dessins et des peintures dus au crayon et au pinceau d'artistes célèbres, des tableaux de M. Picou, des galets peints par M. Hamon, etc. ; des albums où Alexandre Dumas fils et plusieurs autres poètes ont écrit des vers. Peintres et poètes ont laissé à l'*Hôtel de Paris* un souvenir de leur passage ; ceux qui y viendront après eux imiteront leur exemple, et l'hôtel de Saint-Jouin deviendra bientôt un véritable et curieux musée.

Nous avions l'intention de continuer notre voyage aussitôt que nous serions restaurés ; mais ayant passé un assez long temps à examiner les curiosités de l'*Hôtel de Paris*, nous nous aperçûmes qu'il était déjà tard, et, comme nous avions encore deux lieues et demie à faire pour gagner le Havre, Charles me proposa de rester à Saint-Jouin jusqu'au lendemain matin ; je ne voulus pas d'abord entendre parler de modifier notre programme, mais enfin je me laissai convaincre.

En attendant le dîner, nous allâmes visiter l'église, qui n'a rien de bien remarquable, si ce n'est son sanctuaire du xiiie siècle ; puis nous descendîmes au bord de la mer. Avant de rentrer à l'hôtel, nous fîmes une courte promenade dans la campagne ; mais nous vîmes assez du pays pour comprendre que les artistes s'y plaisent et y reviennent quand ils y sont une fois venus.

CHAPITRE XXXVIII

LE HAVRE

Arrivée au Havre. — La jetée. — L'entrée des navires.
Le Vanderbilt.

Après une bonne nuit de repos, nous nous trouvâmes dans les meilleures dispositions pour continuer notre voyage. En moins de deux heures, nous fûmes à Sainte-Adresse. Nous ne nous y arrêtâmes pas; nous devions passer au moins huit jours au Havre, nous avions le temps d'y revenir; nous nous rendîmes donc directement à l'hôtel Frascati, où devait m'attendre mon oncle.

Il y était, en effet, arrivé depuis deux jours. Il parut enchanté de me revoir et fit très bon accueil à Charles. Sur son conseil, nous prîmes une chambre dans son hôtel. Ma tante et ma cousine étaient absentes lors de notre arrivée; nous venions de rejoindre mon oncle, après avoir pris possession de notre logement, quand elles rentrèrent. Elles me félicitèrent sur mon exactitude à me trouver au rendez-vous assigné par mon oncle. Juliette semblait enchantée d'être au Havre; elle était émerveillée de cette ville qu'elle ne pouvait comparer qu'à Dunkerque, comparaison fort peu avantageuse à sa ville natale. Nous fîmes ensemble les plus charmants projets d'excursions pour le temps de mon séjour au Havre, lequel correspondait, à quelques jours près, à celui que mon oncle et sa famille devaient y passer.

Dans l'après-midi, ma tante nous proposa d'aller sur la jetée voir arriver les navires qui devaient entrer en rade de trois à quatre heures. Nous acceptâmes avec plaisir.

Une foule nombreuse était réunie sur la grande jetée (jetée du nord-ouest) quand nous y arrivâmes.

La jetée! c'est le rendez-vous des Havrais; là se passe une partie de leur vie. Ont-ils une heure de liberté, ils vont sur la jetée. C'est que là les attend toujours quelque spectacle intéressant ou quelque rencontre fortuite. Un navire quitte le port, à bord on reconnaît des personnes de connaissance; un ami va partir, on veut lui dire adieu; un bâtiment longtemps attendu rentre au Havre, les mauvais temps ont retardé sa marche, parfois il a résisté à grand'peine aux efforts du vent et de la tempête, avec quelle joie on salue son retour! Ou bien encore la mer est si méchante, comme disent les marins, que les navires attendus n'ont pu entrer dans le port; la lame est tellement forte que les vagues, montant par-dessus la jetée, viennent battre les promeneurs au visage; ce qui ne les intimide guère, habitués qu'ils sont aux brusques caresses de l'Océan.

La vue splendide dont on jouit de la jetée suffirait seule, d'ailleurs, à justifier la prédilection dont elle est l'objet de la part des Havrais, prédilection partagée par tous les étrangers qui habitent passagèrement leur ville.

Quel spectacle! en effet. A droite, le cap de la Hève avec ses deux phares gigantesques; plus à l'est, les riants coteaux d'Ingouville et de Graville; à gauche, la jetée du sud; à l'embouchure de la Seine, Honfleur, cachée derrière le promontoire de Grâce; de l'autre côté du fleuve, Trouville, Dauville, Villers, et plus loin, les rochers du Calvados;

en face de vous, la rade avec sa forêt de mâts et de voiles, puis la mer immense et l'azur du ciel se confondant dans un horizon sans limite.

On comprend que le célèbre poète havrais ait pu dire :

« Après Constantinople, il n'est rien de plus beau ! »

Je ne pouvais établir de comparaison entre la reine du Bosphore et

CONSTANTINOPLE

notre beau port français ; mais j'avoue que je me sentis transporté d'enthousiasme.

Quand nous étions arrivés sur la jetée, il n'y avait en rade que des bateaux pêcheurs ; la mer commençait seulement à monter. Bientôt mon oncle, qui depuis deux jours avait passé la plus grande partie de son temps à la place où nous étions alors, me signala les petits steamers de Caen, de Trouville et d'Honfleur ; à ces bateaux construits pour remonter les rivières, et qui par conséquent n'ont pas besoin de beaucoup d'eau, succédèrent d'abord des goélettes, des bricks et autres navires de moyenne dimension, puis enfin des navires de fort tonnage.

— Oh ! le beau vaisseau, dit ma cousine en montrant à l'horizon un magnifique steamer.

— C'est *la Bretagne*, reprit mon oncle ; il porte cent trente bouches à feu.

— Mais ses dimensions sont immenses.

— Sa longueur est de quatre-vingt-trois mètres, reprit un marin assis sur le parapet de la jetée ; sa largeur de dix-huit mètres. Ce navire est beau, mais nous en avons de bien plus grands. Vous allez voir tout à l'heure *le Vanderbilt*, je l'aperçois là-bas à l'horizon.

Peu après, nous voyions, en effet, s'avancer vers nous un magnifique transatlantique ; sa vitesse étant beaucoup plus grande que celle de la *Bretagne*, il l'eut bientôt rejoint ; tous deux entrèrent en rade en même temps. Le bâtiment qui nous avait d'abord paru si grand, semblait d'une dimension fort ordinaire auprès du *Vanderbilt*. Celui-ci, en effet, est un des plus beaux navires de commerce qu'on puisse voir.

— Il jauge 5,000 tonneaux, nous dit le marin qui nous l'avait le premier signalé, et porte 200 hommes d'équipage ; il tire plus de sept mètres d'eau.

Nous restâmes à la même place jusqu'à ce que le dernier navire fût entré dans le port ; alors seulement nous songeâmes à rentrer à l'hôtel.

Le soir, nous retournâmes sur la jetée. Un nouveau spectacle nous y attendait, celui de la baie de la Seine, magnifiquement illuminée d'abord par les phares du port (un feu fixe, situé à onze mètres de l'extrémité ouest de la jetée du nord, et dont la portée est de dix milles ; un petit feu fixe rouge situé à l'extrémité nord de la jetée du sud, lequel ne porte pas à plus d'un mille, mais éclaire la partie sail-

DE DUNKERQUE AU HAVRE PAR LA PLAGE

ENTRÉE DE LA JETÉE DU HAVRE

lante du musoir et empêche les bâtiments de s'y briser ; enfin un autre feu fixe également rouge situé sur le grand quai) ; puis, par les beaux phares de la Hève, sentinelles avancées du Havre ; enfin, par les feux qui, sur la rive gauche de la Seine, indiquent l'entrée d'Honfleur, et plus loin encore, par le phare de Fatouville (1).

A cette splendide illumination de la baie s'en joignait ce soir-là une plus magnifique encore ; le ciel parfaitement pur resplendissait d'étoiles, et la lune, alors dans son plein, répandait sur ce tableau sa douce et mélancolique clarté.

Nous nous assîmes sur un banc à l'extrémité de la jetée. Nous échangeâmes d'abord quelques paroles, mais la conversation tomba bientôt d'elle-même ; plusieurs d'entre nous, et j'étais de ceux-là, absorbés dans leurs pensées, ne répondaient plus aux questions qui leur étaient adressées, aux observations qui leur étaient faites.

Je ne voyais plus rien autour de moi, rien que le magique spectacle qui se déroulait sous mes yeux ; je n'entendais autre chose que la grande voix de la mer, proclamant dans son mystérieux et solennel langage la grandeur de Celui qui commande aux tempêtes. Tantôt, le regard perdu dans les profondeurs de l'Océan, je laissais errer mon esprit dans les espaces infinis, et tantôt, les yeux fixés sur les feux destinés par la main de l'homme à guider vers le port le navire menacé de s'égarer sur la mer immense, je répétais tout bas ces vers du poète :

> C'est toi, c'est ton feu,
> Que le pêcheur rêve,
> Quand le feu s'élève,
> Chandelier que Dieu
> Plaça sur la grève....

La voix de mon oncle me tira de ma rêveuse contemplation.

(1) Ce phare est élevé de cent vingt-huit mètres et d'une portée de vingt milles ; son feu fixe blanc est varié de trois en trois minutes par des éclats rouges qui précèdent et auxquels succède une courte éclipse.

— N'est-il pas bientôt temps d'aller se coucher ? dit-il.

— Encore un instant, père, fit ma cousine d'un ton suppliant.

— Tu attraperas froid, mon enfant, reprit ma tante; depuis un moment l'air a beaucoup fraîchi, il faut rentrer.... Si vous voulez rester, ajouta-t-elle en s'adressant à Charles et à moi, vous êtes libres, Messieurs.

— Je suis fatigué, dit mon ami; je préfère m'aller coucher.

Il se leva; j'en fis autant, non sans regret.

Un quart d'heure plus tard, accoudé au balcon de ma fenêtre, j'admirais et rêvais de nouveau. Il était près de minuit quand je me décidai à prendre un repos dont j'avais pourtant bien besoin.

COFFRE

CHAPITRE XXXIX

LE HAVRE (suite)

Origines du Havre-de-Grâce. — François I‍ᵉʳ, fondateur de la ville. Ses progrès jusqu'à nos jours.

Le Havre est une ville toute moderne.

Les Normands avaient souvent atterri dans une petite crique, un port naturel, ce que les Celtes appelaient un *aber*, situé à l'embouchure de la Seine; ils étaient partis de là pour remonter le fleuve et parvenir au centre du pays où régnaient les successeurs de Clovis.

Quand le comté de Normandie eut été créé sur le sol de l'ancienne Neustrie, quand Rollon se fut converti au christianisme et qu'une chapelle, dédiée à Notre-Dame de Grâce, se fut élevée au bord de la Seine, l'aber devint le Havre-de-Grâce.

Sous Charles VII, à la place où s'élève aujourd'hui la ville du Havre, existaient des fortifications, qui furent quelque temps occupées par les Anglais.

Louis XI augmenta les fortifications du Havre; les anciennes tours furent réparées sur son ordre.

Mais le Havre n'était encore qu'un misérable village composé seulement de quelques cabanes de pêcheurs, quand Louis XII y fit construire une jetée en bois, d'ailleurs absolument primitive. Il n'acquit une certaine importance que sous François Ier. Ce prince comprit l'importance commerciale de la position du Havre-de-Grâce. En 1516, sur un rapport de l'amiral Bonnivet, il chargea un vice-amiral de France, Guyon-Leroy, seigneur de Chilou, de creuser un port dans la crique du Havre. Son intention était que ce port remplaçât celui de Honfleur, dont l'Océan commençait à se retirer. Bientôt la chapelle du Havre, transformée, devint l'église Notre-Dame; la jetée de bois fut remplacée par une solide jetée de pierre, et la tour François Ier s'éleva à l'entrée du port : le village était ville. On voulut l'appeler *Franciscopolis,* du nom de son fondateur ; mais on ne put parvenir à substituer ce nom, long et d'une prononciation difficile, au nom connu et aimé des marins de *Havre de Grâce.*

Afin de favoriser le Havre, François Ier exempta cette ville des tailles et gabelles, et lui accorda encore d'autres privilèges qui attirèrent la population dans ses murs. En 1525, une grande marée ayant inondé le Havre et causé d'importants dommages dans la ville que le roi honorait de sa protection, François Ier vint lui-même la visiter et y fit construire deux vaisseaux plus forts que ceux qui existaient déjà. L'un d'eux ne put mettre à flot et échoua à l'entrée du port; l'autre fut dévoré par un incendie.

La ville était alors défendue d'un côté par le port, de l'autre par un marais. Les exhalaisons du marais ayant occasionné une maladie contagieuse, Henri II et Catherine de Médicis se rendirent au Havre en 1550 ; le roi ordonna le desséchement des terrains humides, fit exhausser et paver les rues, et confirma au Havre les privilèges que cette ville devait à son père.

Mais pendant les guerres de religion, les protestants s'emparèrent de la ville de François Ier, et, craignant de ne pouvoir s'y maintenir, implorèrent le secours d'Elisabeth d'Angleterre. Celle-ci leur envoya 6,000 hommes, sous le commandement du duc de Warwich. Les Anglais chassèrent de la ville et ses habitants et les traîtres qui les leur avaient livrés. Le connétable de Montmorency vint assiéger le Havre; huguenots et catholiques réunis la rendirent à la France.

« Chacun, dit Castellane, témoin oculaire du siège, se rendait diligent à bien faire, et même les plus frisés de la cour, méprisant tout péril, se trouvaient souvent aux tranchées. »

Ces tranchées étaient de huit cents pas; elles s'ouvraient sur le bord de la mer, depuis le fort de Sainte-Adresse. Le prince de Condé et Dandelot se signalèrent. Warwich ne put résister. Charles IX entra dans la ville avec sa mère et son frère; ils comblèrent de récompenses les capitaines qui avaient si vaillamment soutenu le siège.

Catherine de Médicis proposa, dit-on, à cette occasion de fonder un hôpital « avec bonnes rentes et revenus pour les soldats estropiés, et pour ceux qui le seraient, dès lors, en allant au service du roi, » lisons-nous dans les *Mémoires de Castelnau*.

Ce projet ne devait recevoir son exécution que sous Louis XIV, par la fondation de l'hôtel des Invalides.

Au temps de la Ligue, le Havre demeura au pouvoir des catholiques.

Mais ce fut sous Richelieu que cette ville attira plus particulièrement l'attention du pouvoir. Surintendant de la marine et gouverneur du Havre, le cardinal en fit relever les fortifications et y établit une citadelle capable de contenir 3,000 hommes. Il fit ensuite creuser et élargir le port, qui désormais eut un quai en pierre et des ateliers de toute espèce. C'est alors que s'établirent les Compagnies maritimes des Indes et de l'Amérique.

Pendant la Fronde, les princes de Condé et de Conti et le duc de Longueville furent arrêtés et enfermés au Havre par ordre de Mazarin.

Le Havre eut beaucoup à souffrir durant cette époque de trouble, mais il devait retrouver son ancienne prospérité sous le ministère de Colbert. Par les soins de l'habile ministre, le port, alors encombré de galets et de vase, fut curé, et un canal, construit sur le conseil de Vauban, amena d'Harfleur au Havre les eaux de la Lézarde; ce qui permit désormais de nettoyer le port.

Colbert prolongea la jetée du nord, fonda l'école d'hydrographie, ainsi que l'hôpital général; l'arsenal fut rebâti et approvisionné.

Le Havre fut bombardé par les Anglais en 1694. Mais les vents contraires forcèrent bientôt ces derniers à se retirer. Ils bombardèrent de nouveau cette ville en 1759. Cette fois, un assez grand nombre de maisons furent détruites; mais les Havrais forcèrent, malgré tout, les ennemis à la retraite.

Des travaux importants pour l'agrandissement du port du Havre, commencés en 1787, furent interrompus par la Révolution; pendant cette période, on se contenta de le préserver contre les coups de main.

Bonaparte, premier consul, voulut faire du Havre un port de guerre. Il fit construire une écluse de chasse pour garantir les bassins contre l'envahissement de la vase et des galets. Mais la guerre l'empêcha d'exécuter son plan, qui fut abandonné.

Sous la Restauration et sous Louis-Philippe, le port du Havre fut notablement amélioré, et son commerce prit une si rapide extension, qu'en 1821 il avait triplé; depuis, la progression a toujours continué. Aujourd'hui le Havre est notre second port de commerce. Sa population a naturellement augmenté dans des proportions analogues à son développement commercial; elle est aujourd'hui de 109,000 habitants en chiffre rond. Il est vrai qu'on lui a annexé les villages de Sainte-Adresse et d'Ingouville, qui ne sont aujourd'hui que des faubourgs du Havre.

Le Havre fut démantelé en 1854. De ses fortifications, il ne resta que la tour de François Ier, laquelle était, dans les derniers temps, surmontée d'un télégraphe-marin qui correspondait avec celui de la Hève.

TOUR DE FRANÇOIS Ier

Mais la mer minait la vieille tour aimée des Havrais, depuis longtemps elle menaçait ruine, quand on se décida enfin à la sacrifier ; ce qui permit d'élargir la passe devenue trop étroite.

La ville et le port du Havre sont aujourd'hui protégés par les forts de Sainte-Adresse et de Tourneville, et par les batteries placées sur la plage.

CHAPITRE XL

LE HAVRE (*suite*)

Le port. — Les bassins. — Les transatlantiques. — Le Dock-Entrepôt.
La Cale sèche. — La place de la Mâture.

Ce qu'il y a certainement de plus curieux à voir au Havre, c'est la jetée et le port. Nous avions, dès le jour de notre arrivée, vu et admiré la jetée; le lendemain, nous visitâmes le port dans tous ses détails.

Le port se compose :

1° D'un chenal contenant de huit mètres à neuf mètres soixante-dix d'eau, et large de soixante-quinze mètres entre les deux jetées;

2° De l'avant-port, qui offre un déploiement de quai de mille six cent soixante-quatre mètres. L'avant-port forme comme un vaste carrefour en forme de croix, où la marée monte et baisse successivement. Grand nombre de navires, steamers et bateaux-pêcheurs, y attendent la marée pour entrer dans le port ou en sortir;

3° De huit bassins à flot;

Enfin d'un sas de treize écluses de navigation et de quatre formes de radoub.

Les bassins à flot sont de vastes réservoirs dont les portes s'ouvrent

CHAPITRE XL

à la marée haute et se ferment quand la mer descend, maintenant ainsi à flot les navires qui ne peuvent rester échoués à mer basse.

Il y a au Havre quatre bassins à flot dont les portes s'ouvrent sur l'avant-port. Ce sont :

1° Le vieux Bassin ou bassin du Roi, réservé aux steamers ; il a onze mille huit cents mètres de superficie et huit-cent trente-cinq mètres de quai ; on trouve la porte du grand Bassin après avoir contourné l'angle de l'avant-port à gauche quand on arrive par ce même avant-port. Le vieux Bassin date de 1626 ; il fut créé sur l'emplacement de la crique, où s'abritaient les pêcheurs quand le Havre n'était encore qu'un village. Il a été longtemps réservé à la marine royale ; c'est encore là que se placent les navires de l'Etat.

2° Le bassin de l'Eure, le plus grand des bassins du Havre, est un des plus beaux bassins du monde ; il a deux mille cent mètres de superficie et deux mille mètres de quai.

C'est dans le bassin de l'Eure que l'on visite les paquebots de la Compagnie transatlantique.

3° Le bassin de la Barre, dans lequel on accède par une porte placée presque à l'ouverture des jetées, à l'est de la ville, et qui communique avec le bassin du Commerce.

Le bassin de la Barre a cinquante-deux mille mètres de superficie et douze cents mètres de quai. Il peut aisément contenir deux cents navires.

4° Le bassin de la Floride, dont la porte est la première au sud de l'avant-port. Il est parallèle à la Seine.

Quant aux autres bassins, ils communiquent directement avec ceux que nous venons de citer. Ce sont :

1° Le bassin Dock-Entrepôt, qui s'ouvre sur le bassin de l'Eure ;

2° Le bassin Vauban, qui s'ouvre, au sud, sur le bassin de l'Eure, et, à l'ouest, sur le bassin de la Barre et le vieux Bassin.

3° Le bassin de la Citadelle, situé sur les anciens terrains de la citadelle du Havre ;

4° Le bassin du Commerce, qui met en communication le bassin de la Barre et le vieux Bassin.

Tous les bassins communiquent entre eux par des portes à peu près semblables à celles qui donnent sur l'avant-port ; car il faut qu'un navire avec sa cargaison puisse passer d'un bassin dans l'autre. A côté de chaque porte est un pont tournant pour les piétons et les voitures ; quand le pont est ouvert, un canot conduit les premiers d'un quai à l'autre.

Du bassin de la Floride, on passe dans le bassin de l'Eure, qui a pour annexes le Dock-Entrepôt et le bassin Vauban. Du bassin Vauban, on passe dans le bassin de la Barre, et de ce dernier dans le bassin du Commerce, lequel s'ouvre sur le vieux Bassin, qui lui-même accède sur l'avant-port et ramène au point de départ.

En quittant l'hôtel Frascati, nous suivîmes le grand quai, qui commence à la place des Pilotes devant le Musée ; c'est de ce quai que partent chaque jour, à la marée haute, les bateaux à vapeur d'Honfleur, de Trouville et de Caen. Comme nous passions, on embarquait pour Honfleur. Le temps était superbe, la mer excessivement calme. Juliette regardait avec envie les passagers qui se pressaient sur le pont.

— Qu'il ferait bon aller en mer aujourd'hui ! dit-elle.

— Oui, Mamzelle, fit un matelot qui, appuyé sur le parapet, regardait lui aussi l'embarquement, mais à la condition de n'y pas rester longtemps.

— Que voulez-vous dire? demandai-je au marin.

— Voyez-vous ce petit point blanc, là-bas, du côté de l'ouest?

— Oui, un léger nuage....

— Qui annonce un gros temps. Ceux qui partent ne sont pas sûrs de revenir aujourd'hui.

LE HAVRE. — DOCK-ENTREPÔT

Nous continuâmes notre chemin. Arrivés sur le quai Notre-Dame, nous passâmes un premier pont qui traverse le grand Bassin; nous suivîmes ensuite la rue Royale, traversâmes le pont de la Barre, puis un troisième pont, celui de Sas, qui ne date que de 1870; enfin, nous nous dirigeâmes vers la superbe écluse de la Citadelle, la plus vaste de toutes les écluses connues (sa largeur est de trente mètres cinquante), laquelle sépare le port du bassin de l'Eure, où stationnent les steamers transatlantiques de la France et de l'étranger. Nous voulions visiter un de ces navires. *Le Péreire* était alors en partance; un des bateliers qui se tiennent constamment sur le quai, nous conduisit à son bord, et, sur notre demande, un matelot fut mis à notre disposition, afin de nous le montrer dans tous ses détails.

Quoique née sur le bord de la mer, Juliette n'avait jamais visité un grand navire; elle fut ravie du *Péreire*, et j'avoue que je partageai son admiration.

L'aménagement des transatlantiques est vraiment merveilleux. Les passagers trouvent sur ces navires non seulement l'utile, mais le confortable, mais un luxe relativement raffiné. Le salon des premières est fort beau, la salle à manger admirablement installée; une seule chose fit faire la moue à ma cousine, ce fut la vue des étroites cabines aux lits superposés dans lesquelles il lui semblait, dit-elle, qu'elle étoufferait immanquablement. Nous parvînmes cependant à lui faire comprendre l'impossibilité où l'on était de donner plus de place à chacun sans augmenter, dans des proportions inadmissibles, les dimensions de navires déjà gigantesques.

Elle plaignit un peu moins les locataires de ces cabines propres et relativement luxueuses, malgré leur exiguïté, quand on lui eut montré les salles où couchent les malheureux passagers, que la modicité de leurs ressources force à se contenter de secondes ou même de troisièmes places.

Quand nous eûmes achevé la visite du *Péreire* et remercié notre guide en lui glissant une pièce d'argent dans la main, la barque qui nous avait amenés nous reconduisit à terre.

Nous traversâmes un pont de fer, qui laisse à gauche le bassin de la Citadelle et à droite celui de l'Eure, et, prenant le pont du même nom qui sépare le bassin de l'Eure du bassin Vauban, nous nous dirigeâmes vers un grand bâtiment en brique, qu'on nous avait dit être le Dock-Entrepôt, et tout près duquel se trouvent les magasins généraux, lesquels servent eux-mêmes d'entrepôt aux marchandises qui ne sont pas soumises au contrôle de la douane.

Mon oncle est fort lié avec un des directeurs du Dock; il avait été le voir dès son arrivée au Havre. M. Pérès se chargea de nous faire visiter l'établissement. La vue des richesses qui y sont accumulées, richesses dont les unes ont été apportées de toutes les parties du monde par les nombreux bâtiments qui arrivent au Havre chaque jour, et dont les autres sont destinées à traverser les mers pour aller alimenter de nos produits les pays les plus éloignés, donne une idée des plus grandioses de l'importance du Havre et de l'avenir réservé à notre second port français.

En sortant du Dock-Entrepôt, nous remarquâmes à peu de distance une immense mâture, tenue par d'énormes tringles à une construction en fer, et sur laquelle on lit : *Chantiers et ateliers de l'Océan*. Cette mâture à vapeur est celle de M. Mazeline, le célèbre constructeur havrais; elle peut élever, placer et déplacer aisément un poids de 100,000 kilos.

Peu après, nous arrivions près de la Cale sèche. La Cale sèche est une sorte de bassin où les navires sont mis à sec pour être réparés. Aucun port de France, excepté Cherbourg, n'en possède une semblable à celle du Havre pour la richesse et l'élégance. Elle est d'assez grande dimension pour contenir un navire dont la quille a cent trente mètres de longueur. Après l'avoir examinée avec intérêt, nous traversâmes les deux ponts de l'Eure et de la Barre. Sur le quai d'Orléans, notre attention fut attirée par un engin de carénage qui nous était inconnu, et dont un matelot, auquel nous nous adressâmes pour satisfaire notre curiosité, nous expliqua la manœuvre. C'est le dock flottant. Le dock se coule au fond du bassin de la Barre. On introduit un navire par les portes du sud, qu'on referme ensuite; on étançonne la coque des deux côtés, puis on met en œuvre la machine d'épuisement; à mesure que l'appareil monte, le navire s'élève; lorsque l'eau est enlevée, on voit flotter le dock, et le bâtiment est à sec; on peut alors le visiter et le réparer.

Nous suivions lentement le quai d'Orléans, fascinés par l'intérêt que nous prenions à voir charger et décharger les nombreux navires qui stationnent dans le bassin du Commerce ; nous admirions l'adresse et la promptitude avec lesquelles manœuvrent les matelots et les employés du port, quand tout à coup Juliette s'écria :

— Mais il pleut!

En effet, de larges gouttes d'eau maculaient le trottoir. Nous levâmes les yeux; un gros nuage était au-dessus de nos têtes.

— Le matelot avait raison, dit ma tante; nous avons déjà trop prolongé notre promenade, il est temps de rentrer.

Hélas! il était trop tard. Nous courûmes jusqu'à la place de la Mâture, dont nous n'étions pas bien loin ; mais quand nous arrivâmes sous les arcades de Tortoni, nous étions trempés jusqu'aux os, et nous dûmes entrer à l'hôtel et demander du feu pour nous sécher, sans quoi nous eussions fort risqué d'attraper les uns ou les autres quelque bonne fluxion de poitrine.

Nous attendîmes plus de deux heures, espérant toujours que le grain allait passer ; enfin nous finîmes par regagner Frascati entre deux averses.

Comme nous passions devant le Musée, nous croisâmes le matelot du matin; il nous reconnut.

— Je le savais bien, nous dit-il en passant.

Que l'expérience est une belle chose! et que de chagrins l'homme éviterait si, sous le léger nuage qui le menace, il savait toujours discerner l'orage prêt à fondre sur lui.

PLACE DE LA MATURE

CHAPITRE XLI

LE HAVRE (suite)

**L'église Notre-Dame. — L'hôtel de ville. — La Bourse. — Le lycée.
Le square Saint-Roch. — L'aquarium. — Le jardin botanique.**

Nous avions décidé d'occuper notre matinée du lendemain à visiter la ville.

Nous sortîmes à huit heures. Ma tante et ma cousine avaient si bien pris l'habitude de se lever de bonne heure et de s'habiller promptement depuis qu'elles étaient en voyage, qu'à notre grande honte elles avaient été prêtes les premières.

Les monuments du Havre sont peu nombreux et n'offrent qu'un médiocre intérêt.

Nous passâmes devant le Musée, que nous ne voulions visiter qu'en rentrant, et nous prîmes immédiatement la rue de Paris, la plus belle et la plus brillante du Havre, celle où se trouvent les magasins les plus luxueux. Nous nous rendîmes tout d'abord à Notre-Dame. Cette église, construite sur l'emplacement qu'occupait la petite chapelle et bâtie autrefois par les pêcheurs, alors que le Havre-de-Grâce n'était qu'un misérable hameau, est le plus ancien monument de la ville. Elle fut élevée, de 1605 à 1638, dans un style bâtard de la renaissance et du gothique. Le grand portail, la partie la plus curieuse du monument, est d'ordre ionique et corinthien superposés. Le portail nord offre des balustrades en pierre figurant des lettres gothiques ; on y voit aussi des niches qu'occupaient autrefois des statues des prophètes. Le clocher, qui date de 1540, a perdu de son élévation ; il servait autrefois de tour de guerre ; on y plaçait des couleuvrines pour battre la rade et la colline d'Ingouville ; il servait aussi de phare, et était surmonté d'une tour octogone et orné de clochetons.

L'orgue de Notre-Dame est un don de Richelieu.

Excepté Notre-Dame, le Havre n'a pas une église qui, au point de vue architectural, mérite de fixer l'attention du voyageur.

En en sortant, nous nous rendîmes directement à l'hôtel de ville. Nous donnâmes un coup d'œil en passant au grand théâtre, qui, ayant été détruit par un incendie, fut reconstruit en 1863 ; son architecture n'a rien de remarquable.

L'hôtel de ville est un monument tout moderne. La première pierre en fut posée en 1855. Il fut construit sur les plans de M. Debaisne, architecte du Musée, dans le style renaissance. Les parties les plus riches du bâtiment sont les deux pavillons placés aux ailes et le pavillon central ; celui-ci est surmonté d'un beffroi, d'où l'on jouit d'un magnifique point de vue. Un très beau square a été planté devant ce monument ; on y remarque des bassins, des fontaines et les statues des quatre saisons.

Quand on a visité Notre-Dame et l'hôtel de ville, on a vu, ou à peu près, tout ce qu'il y a d'intéressant à voir au Havre en fait de monuments. Les autres, que nous ne ferons que mentionner, sont :

A quelques centaines de mètres de l'hôtel de ville, sur le boulevard Impérial, la nouvelle sous-préfecture ; le palais de Justice, qui ne fut terminé qu'en 1876 ; le palais de la Bourse, construit de 1877 à 1880.

CHAPITRE XLI

Ce bâtiment a deux façades principales, ayant chacune trois pavillons ; celle de la place de la Sous-Préfecture présente huit colonnes supportant un fronton sculpté, sur lequel on a représenté la ville du Havre commerçant avec toutes les parties du monde, et quatre statues allégoriques ; l'autre nous montre un péristyle relié par des arcades aux pavillons latéraux ;

Le lycée, terminé en 1865, est composé de deux bâtiments immenses qui ont coûté deux millions ;

PLACE DU THÉATRE

Un grand bâtiment appelé caserne des Douanes, où est logé tout le personnel de cette administration, ainsi que les familles des employés ;

Enfin la manufacture des tabacs, installée dans un édifice qui avait été destiné par Law à un hôtel des Monnaies.

Nous décidâmes que nous verrions ces différents monuments plus tard, à mesure qu'ils se trouveraient sur notre chemin ; mais on nous avait recommandé de visiter un bel aquarium, considéré par les Havrais comme une des curiosités de leur ville. Nous en étions tout près, nous nous y rendîmes. Il est placé dans le square Saint-Roch, jardin public qui lui-même mérite une visite. On remarque dans ce square un petit lac artificiel couvert d'oiseaux aquatiques, qui rappelle assez celui du parc Monceau; à l'entrée de la passerelle jetée sur cette pièce d'eau, les os maxillaires d'une baleine forment un arc recouvert de lierre. L'aquarium, placé à une des extrémités du jardin, à droite, présente à l'extérieur un massif rocheux, indiquant les différentes couches géologiques de la Normandie.

Cet aquarium a été construit sur les plans de M. Lennier, directeur du Musée d'histoire naturelle du Havre; il renferme vingt-trois grands bacs, contenant chacun six mille litres d'eau; chaque bac est fermé par deux glaces réunies. La première des salles de l'aquarium est destinée aux poissons de mer; dans la suivante, une grotte formée par des stalactites et des stalagmites ferrugineuses contient des poissons d'eau douce de races normande et américaine. La dernière est la plus curieuse. On figure à gauche une falaise, au-dessous de laquelle sont les bacs; à droite, au-dessus des bacs, on voit de gros rochers couverts d'algues et de coquillages; une vague immense vient se briser contre la falaise.

L'aquarium du Havre est le plus grand et le plus beau qui existe.

Comme nous en sortions, nous vîmes sur les bords d'un bassin, placé devant la façade et rempli d'eau de mer, deux phoques apprivoisés qui sortaient de l'eau à la voix de leur gardien. Ma cousine regarda quelque temps ces animaux avec beaucoup d'intérêt; elle ne connaissait pas le jardin d'acclimatation et n'avait pas assisté comme nous à la curieuse chasse du Hourdel.

Pour moi, je fus bien plus amusé par les grimaces d'un jeune singe, enfermé à quelques pas de là dans une sorte de cage, et qui, habitué sans doute aux prévenances des visiteurs, vint nous agacer gentiment, semblant nous demander si nous n'avions rien à lui offrir. Juliette tirait de sa poche une tablette de chocolat qu'elle avait apportée, de

3. Carpe. — 7. Brème. — 8. Gardon. — 9. Mulet. — 10. Ecrevisse. — 11. Goujon. — 12. Truite sa

CHAPITRE XLI

crainte que la promenade ne se prolongeât passé l'heure habituelle du déjeuner, et qu'elle était disposée à partager avec le gentil animal, quand celui-ci, passant la main à travers les barreaux de sa cage, s'empara délicatement du chocolat, au grand ébahissement de Juliette, qui ne revint de sa stupéfaction que pour faire écho à nos bruyants éclats de rire.

En sortant des jardins de l'aquarium, nous fîmes une petite visite au jardin botanique, situé de l'autre côté du square, et que nous trouvâmes fort riche en arbustes et en plantes rares; puis nous reprîmes le chemin de l'hôtel.

Nous nous étions promis d'aller au Musée à notre retour, mais il était trop tard; nous dûmes remettre au lendemain la visite des collections havraises.

HÔTEL DE VILLE

CHAPITRE XLII

LE HAVRE (suite)

Les phares de la Hève. — Notre-Dame des Flots. — Le Pain-de-sucre.
Sainte-Adresse. — Le manoir de Vitenval.

Aussitôt après le déjeuner, nous partîmes pour les phares de la Hève. Nous avions décidé d'y aller en voiture et de revenir à pied par la falaise et Sainte-Adresse ; nous avions, en conséquence, retenu une calèche, qui nous conduisit en peu de temps au but de notre promenade.

La Hève est le cap qui termine l'embouchure de la Seine. La construction des deux magnifiques phares de la Hève date de 1770. Lenticulaires et à feux fixes, ils sont soutenus par deux tours quadrangulaires, bâties sur la falaise, à quatre-vingt-dix-huit mètres l'une de l'autre, et élevées à vingt mètres au-dessus du sol et à cent vingt mètres de latitude.

Nous étions munis d'une permission de l'ingénieur des ponts et chaussées pour visiter les phares ; le gardien se mit immédiatement à notre disposition. Nous montâmes cent deux marches pour arriver à la plate-forme de la tour du sud ; mais nous fûmes bien récompensés de

CHAPITRE XLII

notre peine et de notre fatigue en y arrivant, par la magnifique vue qui se déroula devant nous et qui captiva d'abord toute notre attention, tant il est vrai que les beautés de la nature dépassent de bien loin les plus étonnantes merveilles de la science et de l'industrie humaine.

Au midi, nous apercevions Dives, l'embouchure de l'Orne et les rochers du Calvados; au nord, le cap Antifer, les magnifiques falaises d'Etretat, et la longue suite de falaises qui se dirigent sans interruption vers la mer du Nord; au couchant, rien autre chose que l'immense Océan sur lequel quelques magnifiques navires, se dirigeant vers le port, semblaient à nos yeux, vu la hauteur considérable à laquelle nous étions placés, de simples jouets d'enfants; c'était le point le plus grandiose de ce sublime spectacle.

— Que c'est donc beau ! m'écriai-je emporté par l'enthousiasme qui me dominait.

— Oh ! oui, c'est beau ! répéta Juliette d'une voix émue.

Je la regardai. Assurément elle aussi était sous l'empire d'un sentiment profond.

— Que je voudrais être peintre, me dit-elle, pour reproduire un pareil tableau.

— On ne vous laisserait pas le temps d'en dessiner l'esquisse, lui répondis-je en souriant.

— Oh ! fit-elle, je la ferais bien de souvenir.

Je la considérai avec étonnement. Pour la première fois je comprenais ma cousine Juliette. Jusqu'ici j'avais vu en elle une jeune fille gracieuse et charmante, je n'avais pas même soupçonné ce que cachait d'enthousiasme ce front d'enfant si calme et si tranquille.

— Mais, nous dit mon oncle, venez donc; nous sommes montés ici pour voir l'intérieur des phares, et cet homme, ajouta-t-il en nous montrant le gardien, n'a pas le temps d'attendre que vous ayez rassasié votre admiration pour la belle nature.

Nous rejoignîmes la société.

Les lanternes des phares de la Hève, hautes de sept mètres, sont éclairées à la lumière électrique; leur portée est de vingt-sept milles. On évalue la lumière projetée par chaque phare à celle de cinq mille becs de lampe Carcel; cette lumière peut encore être doublée par les temps de brouillard.

Tous ces détails nous furent donnés par le gardien qui nous conduisait. Il nous expliqua ensuite l'ingénieuse disposition des deux cent soixante-quatre miroirs des réflecteurs plaqués d'argent bruni, des lentilles grossissantes, des prismes, des cristaux de toutes formes qui reflétaient notre image à l'envers en l'allongeant, la grossissant, la déformant de mille manières.

L'appareil Fresnel coûte, pour l'éclairage d'un seul phare, 35,000 francs.

Le second phare est éloigné de cent mètres du premier, dans une direction qui a été calculée de manière à ce que les navires au large ne puissent confondre la lumière des deux phares.

Quand le gardien nous eut débité tous les renseignements qu'il a l'habitude de donner aux visiteurs, et qu'il eut répondu à quelques questions que nous lui avions adressées, nous nous mîmes en devoir de redescendre, ce qui n'est guère plus agréable ni moins fatigant que de monter, sans l'attrait de la curiosité à satisfaire.

La falaise sur laquelle s'élèvent les phares est exposée à de fréquents éboulements, par suite desquels ces phares approchent insensiblement du précipice.

« C'est un endroit fatal, maudit, une sorte de Charybde qui perçoit chaque année le tribut de quelque cadavre (1). »

La Hève semble dater des premiers âges du monde; des fouilles ont découvert dans ses flancs des échantillons fossiles des différentes races

---

(1) Santallier, *Sur la jetée.*

NOTRE-DAME DES FLOTS

animales qui se sont succédé depuis la création. Les galets de ses falaises se composent principalement de silex enveloppé de calcaire bruni par l'oxyde de fer.

On est d'autant plus frappé de l'aspect sauvage de la côte, du côté de l'Océan, qu'il est plus en opposition avec celui des campagnes cultivées et riantes qui l'environnent.

En descendant des phares, nous nous dirigeâmes vers la mer, prenant pour point de repère le sémaphore que nous apercevions de loin. Nous suivîmes ensuite un chemin tracé le long de la falaise, où les endroits dangereux sont munis de barrières de bois.

— A quoi servent ces barrières? demanda Juliette.

— A empêcher qu'on approche des parties de la falaise menacées d'éboulement, lui répondit son père. Il y a vingt ans à peu près que je suis venu pour la première fois au Havre. Je fis la promenade que nous entreprenons en ce moment. Le chemin que nous suivons n'existait pas alors, rien ne prévenait les promeneurs du danger qu'ils couraient; nous approchions de la mer aussi près que nous le pouvions, mettant notre orgueil à regarder, sans avoir le vertige, les bassins naturels que la mer formait au-dessous de nous, en s'avançant sous la falaise d'où nous la dominions. Il ne nous arriva rien, bien heureusement; mais j'étais rentré chez mes parents depuis quelques jours à peine quand un de mes camarades, qui, lui, demeurait au Havre, m'écrivit : « La falaise sur laquelle nous étions l'autre jour s'est écroulée hier soir. »

Juliette eut un tressaillement.

— Etes-vous sûr, dit-elle à son père, que nous ne courrons aucun danger?

— Aucun, à la condition d'être prudents.

— Nous le serons, répondîmes-nous tous ensemble.

Nous suivîmes donc la falaise jusqu'à la chapelle de Notre-Dame des Flots; c'est une magnifique promenade.

La chapelle, qui fut inaugurée en 1859, a été construite dans le style gothique du XII siècle ; son clocher est haut de trente mètres. En entrant, ce qui frappe tout d'abord, c'est la grande quantité d'*ex-voto* renfermés dans un si moderne sanctuaire.

Derrière le maître-autel, dans une niche dont la voûte est peinte azur et or, la sainte Vierge tient l'enfant Jésus dans ses bras. Dans le sanctuaire, ainsi que dans les deux chapelles latérales, on remarque de beaux vitraux modernes.

Notre-Dame des Flots est le but de pèlerinage des marins havrais. C'est là qu'avant de s'embarquer ils vont se mettre sous la protection de Marie, c'est là qu'ils viennent s'agenouiller au retour ; à l'heure du danger, leurs yeux et leurs cœurs se tournent vers Notre-Dame des Flots.

Tout près de la chapelle s'élève le cénotaphe désigné par les Havrais sous le nom de *Pain-de-sucre* ; c'est un monument élevé par la veuve du général Lefebvre-Desnouettes à la mémoire de son mari, mort naufragé sur les côtes d'Irlande. Des ingénieurs ont choisi la place de ce monument, et l'ont érigé dans les conditions nécessaires pour qu'il pût servir d'amers. La pensée de faire servir ainsi le monument de celui qui a péri victime des flots à prévenir les accidents de mer, est une ingénieuse et touchante pensée ; mais la proximité des phares de la Hève, visibles la nuit aussi bien que le jour, et aperçus à une distance infiniment plus grande, permet de douter que le cénotaphe du général Lefebvre-Desnouettes ait jamais pu rendre de sérieux services.

La forme de ce monument, qui est celle d'un cône renversé, ainsi que la blancheur des pierres qui ont servi à sa construction, lui ont mérité son surnom.

En quittant le Pain-de-sucre, nous prîmes un petit chemin, tracé entre deux collines, dans un joli vallon ; ce chemin nous conduisit à Sainte-Adresse.

Sainte-Adresse, autrefois pauvre village, puis riche commune habitée pendant l'été par les Havrais en villégiature, est aujourd'hui un faubourg du Havre.

Il y a toujours à Sainte-Adresse des bains de mer très fréquentés; ses délicieux chalets et ses élégantes villas ne sont pas délaissés. De la colline sur laquelle s'élève Sainte-Adresse, s'échappent plusieurs sources dont les eaux alimentent le Havre.

SAINTE-ADRESSE (CABANE D'ALPHONSE KARR)

A la place de Sainte-Adresse s'élevait autrefois une ville, appelée Saint-Denis-chef-de-Caux; cette ville possédait une église qui aujourd'hui se trouverait en rade à deux kilomètres du rivage; plusieurs maisons, ainsi que des terres labourées et une route carrossable, ont suivi l'église à la mer.

Alphonse Karr a longtemps habité Sainte-Adresse; le futur jardinier de Nice y greffait ses rosiers, en même temps qu'il étudiait les caractères et les mœurs des pêcheurs.

On nous montra, tout près de la mer, une cabane en planches entourée d'arbrisseaux; c'est là que travaillait l'auteur des *Guêpes*, et c'est sur un panneau de cette cabane que Frédéric Bérat, le musicien havrais tant aimé de ses compatriotes, écrivit les paroles et la musique de sa célèbre romance : *J'irai revoir ma Normandie.*

Nous marchions depuis longtemps, nous étions fatigués et surtout affamés; mais mon oncle avait décidé que nous ne goûterions qu'au manoir de Vitenval; heureusement, il nous fallut peu de temps pour nous y rendre.

Ce manoir, qui fut habité par Charles IX et par Catherine de Médicis, est aujourd'hui une simple ferme où l'on nous servit du beurre frais et du lait chaud, dans la grande salle à manger, près de la belle et antique cheminée, qui seule peut donner une idée de ce qu'était le manoir du temps de ses royaux propriétaires.

Quand nous fûmes un peu reposés et bien restaurés, nous reprîmes le chemin du Havre, où nous rentrâmes vers cinq heures, enchantés de notre journée.

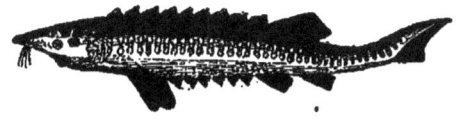

ESTURGEON

CHAPITRE XLIII

LE HAVRE *(suite)*

Le Musée. — Promenade à Graville : l'église, le cimetière. — Départ du Havre. — Retour de M. Lussac dans sa famille.

Le lendemain, un peu fatigués de notre course de la veille, nous ne fîmes pas de promenade matinale. Nous restâmes jusqu'à l'heure du déjeuner sur la plage à voir monter la mer, fort méchante ce jour-là.

Vers une heure, nous nous rendîmes au Musée, comme nous nous l'étions promis. Il est situé, je l'ai déjà dit, sur la place des Pilotes, à quelques pas de la jetée. De chaque côté sont deux statues en bronze, œuvres de David d'Angers, qui furent élevées par la ville, en 1851, à Bernardin de Saint-Pierre et à Casimir Delavigne, nés tous deux au Havre. Ce monument, moderne comme tous ceux du Havre, a été exécuté sur les dessins de M. Debainos ; il fut inauguré en 1845.

Un magnifique vestibule et un très bel escalier nous conduisirent au salon de peinture placé au premier étage.

Ce Musée contient des tableaux des différentes écoles françaises et étrangères, de belles statues, des dessins, des gravures ; mais on y voit peu d'œuvres vraiment remarquables. Un portrait de jeune fille, attribué à Vélasquez, est la perle du Musée.

La bibliothèque de la ville, composée de 30,000 volumes, occupe les galeries latérales du salon de peinture.

Au rez-de-chaussée est une collection lapidaire et archéologique.

Nous restâmes longtemps au Musée. Ma cousine n'avait été à Paris que deux fois en sa vie et pour quelques jours seulement ; elle avait à peine traversé en courant les galeries du Louvre, dont je connais, moi, tous les chefs-d'œuvre, et elle ne pouvait s'arracher des salons de peinture. Je fus étonné du tact exquis avec lequel elles discernait, au milieu d'œuvres généralement médiocres, celles qui sont véritablement belles ; elle passa plus d'un quart d'heure devant le tableau de Vélasquez.

Quand nous sortîmes du Musée, il était déjà tard. Le temps était magnifique.

— Si nous voulons voir un coucher de soleil sur la côte d'Ingouville, dit mon oncle, l'occasion est favorable.

Il fit avancer une voiture dans laquelle nous montâmes. Quelques minutes plus tard, nous gravissions la longue rue de la Côte. Cette rue, qui traverse Ingouville d'un bout à l'autre, est bordée par de magnifiques villas entourées de beaux jardins, ayant vue sur la mer. Arrivés en haut de la montagne, nous descendîmes de voiture. Le panorama dont nous jouîmes alors est tout différent de celui que nous avions admiré la veille à Sainte-Adresse, mais non moins magnifique. A nos pieds, le Havre ; à gauche, l'embouchure de la Seine ; à droite, les phares de la Hève ; en face de nous, la mer. Tel était le merveilleux tableau qu'embrassaient nos regards, tableau dont une légère brume estompait alors les poétiques contours, car la nuit approchait.

Nous attendîmes.

CHAPITRE XLIII

Bientôt le soleil couchant couvrit de teintes roses les hauteurs environnantes, puis enveloppa toute la campagne de ses derniers et chauds rayons; en même temps le Havre s'éclairait, ses bassins s'illuminaient; le spectacle était féérique. Eblouis, fascinés, nous ne pûmes trouver de paroles pour exprimer notre admiration.

Enfin Charles, le premier, rompit le silence.

MUSÉE DE PEINTURE

— Nous arriverons trop tard pour la table d'hôte, s'écria-t-il tout à coup.

— Profane, fis-je avec indignation, tu songes à dîner?

— Mais certainement.

— Devant un pareil tableau?

— Si mes yeux sont satisfaits, mon estomac l'est moins.

— Monsieur Charles a raison, reprit mon oncle ; je suis d'avis que nous reprenions le chemin du Havre.

— Déjà, fit ma cousine ; le soleil n'est pas encore complètement couché.

— Il le sera avant que nous ne soyons en voiture, dit ma tante.

Mon oncle appela le cocher. Nous partîmes.

Comme nous rentrions à l'hôtel, on me remit une lettre de ma mère. Elle me rappelait que nous étions au 20 septembre, et que je lui avais promis d'être à Orléans le 24, afin de prendre part au repas de famille qu'elle donne chaque année à l'occasion de sa fête.

Je n'avais pas oublié ma promesse, je n'eusse voulu y manquer sous aucun prétexte. N'y avait-il pas assez longtemps d'ailleurs que j'avais quitté mes parents ? n'était-il pas juste qu'avant de rentrer à Paris pour l'hiver, je leur consacrasse mes dernières semaines de vacances ?

J'annonçai à mon oncle que je partirais décidément le surlendemain matin.

La veille de mon départ fut consacrée à une promenade que nous avions plusieurs fois projetée depuis que nous étions au Havre, et à laquelle je n'eusse pas renoncé sans regret ; nous allâmes visiter la célèbre abbaye de Graville.

Cette abbaye, construite sur le tombeau de sainte Honorine, sur la colline qui domine la baie de la Seine, fut bâtie dans la seconde partie du XIe siècle; mais le bâtiment qui seul subsiste aujourd'hui de l'ancien monastère et qui renferme le presbytère, la mairie et l'école, a été reconstruit au XVIIIe siècle. Quant à l'église, de style roman, son portail a été rebâti en partie au XIVe siècle.

A l'intérieur, la nef est du XIe siècle ; le chœur, les chapelles et les caveaux, en grande partie du XIIe.

Une des choses qui dans cette église attira le plus mon attention, est un beau retable en bois sculpté, décoré des statues de sainte Barbe et de sainte Honorine.

La position de l'abbaye avait été admirablement choisie. Entourée de bois, perdue dans la verdure, la sainte maison offrait à ses habitants l'asile calme et tranquille qui convient à ceux qu'une vocation irrésistible porte aux sublimes contemplations, ou que les peines et les mécomptes de la vie ont éloignés du monde et conduits vers Dieu par le chemin douloureux des épreuves. Mais si la situation isolée de l'abbaye empêchait les bruits mondains d'y parvenir, les religieux de Graville, du fond de leur cellule, pouvaient entendre ceux de la tempête, cette voix terrible mais salutaire, qui dit la grandeur de Dieu et la petitesse de l'homme, et rappelle ce dernier à l'humilité, en lui faisant sentir sa dépendance.

L'église de Graville fut d'abord placée sous l'invocation de Notre-Dame des Bruyères ; elle y était encore au IXe siècle, lors de l'invasion des Normands. Elle eut ensuite pour patronne sainte Honorine, dont les restes reposaient sous ses caveaux. « En 898, dit le P. Anselme, les chrétiens du pays, craignant les profanations des hommes du Nord qui fréquentaient avec une prédilection marquée ce point fortifié du territoire, se privèrent volontairement de la précieuse relique, et transportèrent le corps de sainte Honorine à Conflans-sur-Oise, diocèse de Paris. »

Une légende attribuait aux émanations du puits de l'abbaye une vertu miraculeuse pour guérir la surdité ; mais l'orifice de ce puits est aujourd'hui comblé.

En quittant l'église de Graville, nous nous rendîmes dans le cimetière ; l'impression de calme, de recueillement, on pourrait dire de douce quiétude, que l'on éprouve en y entrant, est une impression unique, due, sans doute, à sa position exceptionnelle. Le cimetière de

Graville est un jardin verdoyant, d'où la vue découvre le plus magnifique en même temps que le plus gracieux paysage ; là, les beautés de la nature dérobent aux regards les horreurs de la tombe.

Une croix du style roman le plus pur attira notre attention ; cette croix, tout le monde la connaît, car elle a été reproduite partout ; c'est elle que l'on a fidèlement représentée à l'Opéra, au troisième acte de *Robert le Diable*.

La journée était déjà assez avancée quand nous partîmes de Graville. Charles quittait le Havre le soir même. Après le dîner, nous le reconduisîmes au chemin de fer. Il avait gagné toutes les bonnes grâces de mon oncle par son caractère enjoué et bon enfant. Je lui donnai rendez-vous à Paris pour le commencement de l'hiver, et le quittai en le chargeant de m'excuser encore auprès de ses parents du tort que je leur avais fait en les privant de sa présence pendant la plus grande partie des vacances.

Le lendemain, je partais à mon tour, heureux à la pensée de revoir ma famille, mais au regret de n'avoir pu décider mon oncle à venir avec ma tante et ma cousine passer quelques jours à Orléans, comme mon père le leur avait demandé par une lettre pressante.

— Un jour peut-être nous nous déciderons à vous aller voir, me dit mon oncle en m'embrassant dans la gare.

— Assurément, reprit ma tante, nous irons à Orléans l'an prochain ; je vous le promets, Maurice.

— Et vous, Juliette, dis-je en me tournant vers ma cousine, n'avez-vous pas envie de faire connaissance avec Hélène ?

— Oh ! oui, dit-elle vivement.

Et elle ajouta :

— Dites-le bien à ma cousine.

J'embrassai ma tante et Juliette, et entrai dans la salle d'attente.

Quelques heures plus tard, j'étais à Paris. Le lendemain, je fêtais

CHAPITRE XLIII

avec toute ma famille ma bonne et tendre mère. Après les plaisirs du voyage, je goûtais la joie non moins douce du retour.

Le foyer ne semble jamais meilleur que quand on en a été quelque temps éloigné. Après le mouvement, l'homme a besoin de repos; après les plaisirs de l'esprit et les enthousiasmes de l'imagination, les joies du cœur lui sont plus sensibles et plus douces.

CROIX DE GRAVILLE

TABLE DES MATIÈRES

	Pages.
DÉDICACE.	VII
CHAPITRE I. — DUNKERQUE. — Le port. — La jetée. — Renseignements historiques. — Jean Bart.	9
CHAPITRE II. — DUNKERQUE (suite). — L'église Saint-Éloi. — La tour du beffroi. — Le canal. — Les wateringues.	19
CHAPITRE III. — ENVIRONS DE DUNKERQUE. — Une kermesse. — Combat de coqs.	25
CHAPITRE IV. — DE DUNKERQUE A GRAVELINES. — Les Dunes. — La bataille des Dunes. — Gravelines. — Détails historiques.	29
CHAPITRE V. — CALAIS. — Notre-Dame de Bon-Secours. — Le port. — La grande jetée. — Histoire de Calais.	34
CHAPITRE VI. — SAINT-PIERRE-LEZ-CALAIS.	44
CHAPITRE VII. — BOULOGNE. — Notre-Dame de Boulogne. — La colonne de Napoléon. — La ville haute.	47
CHAPITRE VIII. — BOULOGNE (suite). — La ville basse. — Les jetées. — Le port.	59
CHAPITRE IX. — BOULOGNE (suite). — Notions historiques.	64
CHAPITRE X. — ENVIRONS DE BOULOGNE. — Promenade à Wimereux et à Wimille. — Départ de Boulogne.	70
CHAPITRE XI. — DE BOULOGNE A SAINT-VALERY. — Etaples. — Berck. — Arrivée à Saint-Valery-sur-Somme. — La baie de la Somme. — Le viaduc.	74
CHAPITRE XII. — SAINT-VALERY. — Le port. — La digue. — Le retour des pêcheurs. — L'Amaranthe.	80
CHAPITRE XIII. — SAINT-VALERY (suite). — Les sables. — La ville haute. — La tour Harold. — La porte Guillaume. — L'église Saint-Martin. — La porte de Nevers.	86
CHAPITRE XIV. — SAINT-VALERY (suite). — L'Abbaye. — Histoire de Saint-Valery. — La chapelle des Marins. — La mer phosphorescente.	92
CHAPITRE XV. — SAINT-VALERY (suite). — Excursions au bois des Bruyères et au bois Houdan.	98

TABLE DES MATIÈRES

Pages.

CHAPITRE XVI. — Saint-Valery (*suite*). — Promenade au Crotoy. — Le vieux château. — La tour où fut enfermée Jeanne d'Arc. 103

CHAPITRE XVII. — Saint-Valery (*suite*). — Promenade à Pendé. — Procession du 15 août à la chapelle des Marins. 109

CHAPITRE XVIII. — De Saint-Valery a Cayeux. — Le Hourdel. — Cayeux. — Son église. — Le Nouveau-Brighton 113

CHAPITRE XIX. — Ault. — L'église Saint-Pierre. — La société. 118

CHAPITRE XX. — D'Ault au Tréport par Mers. — Le chemin des Douaniers. — Le bois de Cise. — Mers. — La chapelle Saint-Laurent. — Arrivée au Tréport. . 123

CHAPITRE XXI. — Promenade a Eu. — La chapelle de la ferme Sainte-Croix. — La ferme du parc. — Arrivée à Eu. — L'église Notre-Dame. — Le château. . 128

CHAPITRE XXII. — Le Tréport. — Origines du Tréport. — Son histoire. . 133

CHAPITRE XXIII. — Le Tréport (*suite*). — Entrée des embarcations dans le port. — Le calvaire. — Le bateau-pilote. — La ville haute. — L'église. — Le calvaire de la Grand'Rue. — La mairie. — La ville basse. — Le quartier des Cordiers. — Le port. — Tréport-Terrasse. 138

CHAPITRE XXIV. — Dieppe. — Notions historiques. 148

CHAPITRE XXV. — Dieppe (*suite*). — Position de Dieppe. — Le port. — L'église Saint-Jacques. — Ango. — Duquesne. — L'église Saint-Remy. — Le Casino. — La plage. 154

CHAPITRE XXVI. — Dieppe (*suite*). — Le château. — La falaise du sud-ouest. — Le Pollet et les Polletais. 171

CHAPITRE XXVII. — Dieppe (*suite*). — Le Musée. — L'hospice-hôpital. — La manufacture de tabac. — La Grande-Rue et les ivoires. 177

CHAPITRE XXVIII. — De Dieppe a Veules. — Départ de Dieppe. — La falaise de Caude-Côte. — Pourville. — Varengeville. — Le manoir d'Ango. — L'église et sa légende. — Le phare d'Ailly. — Sainte-Marguerite. — Quiberville. — Saint-Aubin. 182

CHAPITRE XXIX. — Veules. — L'église. — Les cressonnières. — La chapelle du Val. 189

CHAPITRE XXX. — De Veules a Saint-Valery-en-Caux. — Départ de Veules. — Les falaises. — Saint-Valery-en-Caux. — Le port. — L'église. 196

CHAPITRE XXXI. — De Saint-Valery a Fécamp. — Saint-Léger. — Veulettes. — Saint-Martin-aux-Bunaux. — Les Petites-Dalles. — La plage. — Les Grandes-Dalles. — Arrivée à Fécamp. 200

CHAPITRE XXXII. — Fécamp. — Origine de Fécamp. — L'abbaye des Bénédictines. — L'église Notre-Dame. — Légende de la relique du précieux Sang. — La bibliothèque. — Le musée. 205

CHAPITRE XXXIII. — Fécamp (suite). — Le port. — Les jetées. — Chapelle de Notre-Dame de Port-Salut. — Grottes. — Départ de Fécamp. — Yport. — Arrivée à Etretat. 213

CHAPITRE XXXIV. — Etretat. — La plage. — Le Casino. — Les falaises. — L'Aiguille. — L'échouage. — La criée du poisson. — L'église. — Un coucher de soleil. 220

CHAPITRE XXXV. — Etretat (suite). — La falaise d'aval. — Le fort de Fréfossé. — Le Trou-au-Chien. — Les Piscines. — La porte d'aval. — La Manneporte. — Le Trou-à-l'Homme. — Le Petit-Port. — La Chambre-aux-Demoiselles. — La falaise d'amont. — La chapelle de Notre-Dame de la Garde. — Le banc à Cuve. — Le Chaudron. — La roche de Vaudieu. 231

CHAPITRE XXXVI. — Etretat (suite). — Histoire de Taillemer et d'Anténolle. — Le Trou-à-Romain. — L'Aiguille de Belval. — Le banc Sainte-Anne. — Benouville. — Une ferme sur la falaise. 237

CHAPITRE XXXVII. — D'Etretat au Havre. — Adieux à Etretat. — Le cap Antifer. — Le roc aux Guillemots. — Bruneval. — Saint-Jouin. 248

CHAPITRE XXXVIII. — Le Havre. — Arrivée au Havre. — La jetée. — L'entrée des navires. — Le *Vanderbilt*. 255

CHAPITRE XXXIX. — Le Havre (suite). — Origines du Havre-de-Grâce. — François Ier, fondateur de la ville. — Ses progrès jusqu'à nos jours. . . . 263

CHAPITRE XL. — Le Havre (suite). — Le port. — Les bassins. — Les transatlantiques. — Le Dock-Entrepôt. — La Cale sèche. — La place de la Mâture. . 268

CHAPITRE XLI. — Le Havre (suite). — L'église Notre-Dame. — L'hôtel de ville. — La Bourse. — Le lycée. — Le square Saint-Roch. — L'aquarium. — Le jardin botanique 277

CHAPITRE XLII. — Le Havre (suite). — Les phares de la Hève. — Sainte-Adresse. — Notre-Dame des Flots. — Le Pain-de-sucre. — Le manoir de Vitenval. . 284

CHAPITRE XLIII. — Le Havre (suite). — Le Musée. — Promenade à Graville ; l'église, le cimetière. — Départ du Havre. — Retour de M. de Lussac dans sa famille. 293

TABLE DES VIGNETTES

	Pages.
Ambleteuse.	49
Angleterre (Côtes d').	73
Barques de pêche.	102
Berck (Hôpital de).	77
Bonaparte (Louis-Napoléon)	67
Bonne-Espérance (Cap de).	151
Boulogne (Colonne de).	53
— (Porte de Calais).	54
— (Rue des Mâchicoulis).	58
— (Vue générale de).	IV
Calais (Palais du duc de Guise).	41
Coffre.	262
Combat naval.	43
Constantinople.	257
Crotoy (Le).	99
Dieppe (Château de).	173
— (Eglise Saint-Jacques).	159
— (Ville et port de).	155
Dunes (Bataille des).	31
Dunkerque.	11
— (Tour de).	21
Edouard III et les bourgeois de Calais.	90
Embarquement de troupes.	85
Esturgeon	292
Etretat.	221
— (Laveuses d').	223
Falaise et repaire d'oiseaux.	251

TABLE DES VIGNETTES

	Pages.
Fécamp (Abbaye de).	207
— (Poissonniers de).	215
Gênes.	165
Graville (Croix de).	299
Grotte.	217
Grotte et falaise.	249
Guillaume le Conquérant (Flotte de).	81
Ham (Château de).	69
Hareng.	199
Havre (Le) (Docks).	271
— — (Entrée de la jetée).	259
— — (Hôtel de ville).	283
— — (Notre-Dame des Flots).	287
— — (Place de la Mâture).	276
— — (Place du Théâtre).	279
— — (Tour de François Ier).	267
Jean Bart à Versailles.	17
Jean Bart (Statue de).	13
Jeanne d'Arc.	105
Jeanne d'Arc au siège d'Orléans.	108
Jetée.	247
Maigre.	212
Maquereau.	33
Marché aux poissons (*Tableau de Bassan*).	227
Morue.	63
Musée de peinture.	295
Napoléon Ier.	55
Naufrage (*Tableau de Joseph Vernet*).	241
Navire échoué.	28
Pêche à la morue.	61
Philippe-Auguste à la bataille de Bouvines.	65
Phoques.	115
Plage.	230
Poissons d'eau douce.	281
Pollet (Pêcheurs et matelots du).	175
Raie.	91
Sainte-Adresse (Cabane d'Alphonse Karr).	291
Saint-Laurent (Bords du), Canada.	179

	Pages.
Saint-Valery-en-Caux (Havre de).	197
Sèche. — Huîtres. — Polypier.	195
Sole.	153
Steamer.	122
Tréport (Eglise du).	141
— (Entrée du).	135
Tripoli.	163
Turbot.	176
Varengeville (Intérieur du manoir d'Ango).	185
— (Manoir d'Ango).	183
Vœu du marin.	97
Voiliers.	18-147-181

— Lille. Typ. J. Lefort. 1886. —

www.ingramcontent.com/pod-product-compliance
Lightning Source LLC
Chambersburg PA
CBHW071127160426
43196CB00011B/1823